FBOOK®

弗布克行政文秘办公系列

U0656368

公文写作

格式·写法·句式·范例·金句

胡潇予　李欣———著

电子工业出版社·

Publishing House of Electronics Industry

北京·BEIJING

内容简介

本书根据不同公文的不同内容和写作过程中的实际需求，合理安排章节，使用了大量图表，让内容层次分明，让读者一目了然，是一本准确把握读者需求和痛点，并且能切实解决实际问题的公文类工具书。

本书涵盖了公务类、事务类、经济类、礼仪类、规章制度类、法律类多种公文的重要内容，充分体现了拿来即用和拿来即参的编写目的。本书做到了公文写作理论与实务的有机融合，能够帮助公文写作初学者快速入门、公文写作入门者高效进阶。

本书可以帮助身处党政机关、企事业单位的各类人员全面掌握各类公文写作的基本知识与技能，也可作为各类企业职员应急拟制公文的工具书，还可作为高校行政文秘专业、经管类专业等相关课程的教材。

图书在版编目（CIP）数据

公文写作：格式·写法·句式·范例·金句 / 胡潇予，李欣著 . -- 北京：电子工业出版社，2024. 10.
（弗布克行政文秘办公系列）.-- ISBN 978-7-121-48821-4

Ⅰ. H152.3

中国国家版本馆 CIP 数据核字第 202480TK77 号

责任编辑：张　毅

印　　刷：三河市鑫金马印装有限公司

装　　订：三河市鑫金马印装有限公司

出版发行：电子工业出版社

　　　　　北京市海淀区万寿路 173 信箱　　邮编：100036

开　　本：787×1092　1/16　印张：15.25　　字数：342 千字

版　　次：2024 年 10 月第 1 版

印　　次：2025 年 2 月第 2 次印刷

定　　价：59.00 元

前　言

"文以载道""以文化人"自古以来就是文化的本质与核心，所谓"文章千古事，得失寸心知""铁肩担道义，妙手著文章"。而当今最能体现"以文化人"价值的，莫过于公文这种特殊的文体。公文"代机关单位立言"的特点，使其成为体现机关单位决策者意图和愿望的重要工具。

正因如此，作为党政机关、企事业单位的工作人员，从学写公文、会写公文，到写好公文，再到真正能"代机关单位立言"、成为机关单位的"一支好笔杆子"，这一路走来并不容易。

"路漫漫其修远兮"，公文写作者需要不断努力、持续精进，找到高效提升自身写作能力的方式、方法和工具。

"工欲善其事，必先利其器"，《公文写作——格式·写法·句式·范例·金句》正是这样一个提升公文写作能力的工具和利器，它让使用者"拿来即用""拿来即参"，是一本系统全面、严谨规范的公文写作入门与进阶的指导用书。

与市面上现有的公文写作方面的同类图书相比，本书更注重实用性，更注重满足公文写作者入门与进阶的需求，以及行政办公人员快速提升公文写作水平的需求。

对于读者来说，本书既"授人以鱼"也"授人以渔"，既有鲜活的写作示范，又有详尽的方法讲解，还有点睛金句为公文写作增色。读者在使用本书时，可以直接参照写作示范，套用相应写作模板、固定句式、常用金句等，以提高工作效率和工作质量。

本书将公文写作细分为公务类公文、事务类文书、经济类文书、礼仪类文书、规章制度类文书和法律类文书6种不同的类型，基本做到了综合全面、内容翔实，充分体现了"拿来即用"和"拿来即参"的整体编写目的。

本书全面覆盖15种公务类公文的写作要求，详细说明了每一种公文写作的特性、类型、模块、写法和注意事项，并给出了写作示范。对于事务类文书、经济类文书、礼仪类文书、规章制度类文书和法律类文书5大类别41种文书，都进行了详细的讲解，同时给出了写作示范。

另外，随着科技的发展，人工智能已经深入各个领域，公文写作也不例外。AIGC工具的应用为公文写作带来了革命性的变化，大大提高了写作的效率和质量。

AIGC工具，即人工智能生成内容工具，是近年来发展迅速的一种工具。它通过自然语言处理和深度学习等技术，能够自动化地生成符合规范、表达准确、逻辑清晰的公文文本，为公文写作者提供强有力的支持。

在各类公文写作过程中，AIGC 工具的应用具有广泛的实际意义。对于初学者来说，它可以快速生成规范的公文模板，提供丰富的句式和表达方式，帮助初学者快速入门。对于经验丰富的写作者来说，它可以减轻重复性的工作负担，提高写作效率，让他们更加专注于思路和内容的创新。

目前，市面上已经出现了许多优秀的 AIGC 工具，如 MM 智能助理、文心一言、360 智脑、讯飞星火、智谱清言、豆包、天工 AI 助手、通义千问等。这些工具都具有强大的辅助生成作用，能够大幅提升公文写作者的工作效率与工作质量。

从未来发展趋势看，AIGC 工具正在成为现代公文写作中不可或缺的一部分。它通过自动化和智能化技术，为公文写作者提供了更多的支持和帮助，提高了写作的效率和质量。未来随着技术的不断进步和应用领域的不断拓展，AIGC 工具在公文写作中的应用将更加广泛和深入。

总之，本书做到了公文写作理论与实务的有机融合，能够帮助公文写作初学者快速入门、公文写作入门者高效进阶。

当然，限于本书编写者自身的水平，疏漏之处在所难免，敬请广大读者朋友批评指正，多提宝贵意见和建议！

目 录

第1章
公文写作概述

公文写作是由机关、企事业单位的办公室工作人员代替所处机关单位撰写，表达机关单位领导的意愿，体现政策要求，以书面形式表达意见、决策、通知、公告、报告、请示、批复、函电等工作内容的，用于行政、公务或商务事务的正式文书的一种写作行为。

公文写作具有一定的专业性和技巧性，要求作者具备较强的文字功底和语言组织能力，能够根据不同的需求和读者的要求，采用不同的写作形式和语言风格，使公文更加简明、精准、规范、通俗易懂。同时，公文写作还需要保证保密性、安全性，避免重要信息泄露，造成不必要的损失。

总之，公文写作是一种特殊的写作形式，需要按照一定的格式、规范、语言等方面的要求，把握好主题、内容、形式、语体等方面的内容，起到规范、指导、宣传等作用，以促进组织内外部的沟通和协调，提高工作效率和工作质量。

1.1　公文的含义

公文主要指党政机关在实施领导、履行职能、处理公务过程中形成的具有法定效力和规范体式的文书，是进行领导管理和公务活动的重要工具。

公文是一种具有严格格式和规范要求的正式文书，其目的是保证信息的权威性、准确性和规范性，促进组织内部的沟通和协调，以及与外部单位的交流和合作。

1.1.1　狭义公文的含义

狭义的公文特指《党政机关公文处理工作条例》规定的，党和国家行政机关正式规定并使用的 15 个公文文种。狭义公文文种类型及适用情形如表 1-1 所示。

表 1-1 狭义公文文种类型及适用情形

名称	具体描述
决议	决议适用于经过会议讨论通过的重大决策事项
决定	决定适用于对某些重要事项作出决策和部署、奖惩有关单位和人员、变更或者撤销下级机关不适当的决定事项
命令（令）	命令（令）适用于公布行政法规和规章、宣布施行重大强制性措施、批准授予和晋升衔级、嘉奖有关单位和人员
公报	公报适用于公布某一重要决定或者重大事项
公告	公告适用于向国内外宣布重要事项或者法定事项
通告	通告适用于在一定范围内公布应当遵守或者周知的事项
意见	意见适用于对重要问题提出见解和处理办法
通知	通知适用于发布、传达要求下级机关执行和有关单位周知或者执行的事项，批转、转发公文
通报	通报适用于表彰先进、批评错误、传达重要精神和告知重要情况
报告	报告适用于向上级机关汇报工作、反映情况，回复上级机关的询问
请示	请示适用于向上级机关请求指示、批准
批复	批复适用于答复下级机关请示事项
议案	议案适用于各级人民政府按照法律程序向同级人民代表大会或者人民代表大会常务委员会提请审议事项
函	函适用于不相隶属机关之间商洽工作、询问和答复问题、请求批准和答复审批事项
纪要	纪要适用于记载会议主要情况和议定事项

1.1.2 广义公文的含义

广义的公文指除《党政机关公文处理工作条例》中规定的公务类公文外，还泛指各类机关、社会团体、企事业单位等社会合法组织在公务活动中形成和使用的各类应用文书，主要有事务类文书、经济类文书、礼仪类文书、规章制度类文书、法律类文书等。

1.2 公文的主要特点

根据《党政机关公文处理工作条例》《党政机关公文格式》规定，公文具有统一性，其格式、种类、行文规则等都是全国统一的。公文写作时，应严格遵守内容和程序的合法性、格式的规范性、语体的简明性以及对机关工作的依赖性。

1.2.1　内容和程序的合法性

1. 内容的合法性

（1）公文起草时有如下要求。

①符合党的理论路线、方针政策和国家法律法规，完整准确体现发文机关意图，并与现行有关公文相衔接。

②起草公文时，应从实际出发，实事求是地分析问题，所提政策措施和办法要切实可行。

③内容应简洁明了，主题突出，观点鲜明，结构严谨，表述准确，文字精练。

④文种正确，格式规范。

⑤深入调查研究，进行充分论证，广泛听取各方面的意见。

⑥公文涉及其他地区或者部门职权范围以外的事项，起草单位必须征求相关地区或者部门意见，力求达成一致。

⑦机关负责人应当主持、指导重要公文的起草工作。

（2）公文文稿签发前，应当由发文机关办公厅（室）进行审核。

审核的重点如下。

① 行文理由是否充分，行文依据是否准确。

②内容是否符合党的理论路线、方针政策和国家法律法规，是否完整准确表达发文机关意图，是否同现行有关公文相衔接，所提政策措施和办法是否切实可行。

③涉及有关地区或者部门职权范围以外的事项是否经过充分协商并达成一致意见。

④文种是否正确，格式是否规范，人名、地名、时间、数字、段落顺序、引文等是否准确；文字、数字、计量单位和标点符号等用法是否规范。

⑤其他内容是否符合公文起草的有关要求。需要发文机关审议的重要公文文稿，审议前由发文机关办公厅（室）进行初核。

2. 程序的合法性

（1）公文办理包括收文办理、发文办理和整理归档。

（2）收文办理主要程序如下。

①签收。对收到的公文逐件清点，核对无误后签字或者盖章，并注明签收时间。

②登记。对公文的主要信息和办理情况详细记载。

③初审。对收到的公文进行初审。初审的重点在于：是否应由本机关办理，是否符合行文规则，文种、格式是否符合要求，是否涉及其他地区或部门的职权范围，是否已经协商、会签，是否符合公文起草的其他要求。经初审不符合规定的公文，应当及时退回来文单位并说明理由。

④承办。阅知性公文应当根据公文的内容、要求和工作需要确定范围后分送。批办性公文应当提出拟办意见并报本机关负责人批示或者转有关部门办理，需要两个以上部门办理的，

应当明确主办部门。紧急公文应当明确办理时限。承办部门对交办的公文应当及时办理，有明确办理时限要求的应当在规定时限内办理完毕。

⑤传阅。根据领导批示和工作需要将公文及时送至传阅对象阅知或者批示。办理公文传阅应当随时掌握公文去向，避免漏传、误传或延误的情况发生。

⑥催办。及时了解掌握公文的办理进展情况，督促承办部门按期办结。紧急公文或者重要公文应指派专人负责催办。

⑦答复。公文的办理结果应当及时答复来文单位，并根据需要告知其他相关单位。

（3）发文办理主要程序如下。

①复核。经发文机关负责人签批的公文，印发前应当对公文的审批手续、内容、文种、格式等进行复核；需作实质性修改的，应当报原签批人复审。

②登记。对复核后的公文，应当在确定发文字号、分送范围和印制份数后详细记载。

③印制。公文印制必须确保质量和时效。涉密公文应当在符合保密要求的场所印制。

④核发。公文印制完毕，应当对公文的文字、格式和印刷质量进行检查后分发。

（4）涉密公文应当通过机要交通、邮政机要通信、城市机要文件交换站或者收发件机关机要收发人员进行传递，通过密码电报或者符合国家保密规定的计算机信息系统进行传输。

（5）需要归档的公文及有关材料，应当根据相关法律法规及机关档案管理规定，及时收集齐全、整理归档。两个以上机关联合办理的公文，原件由主办机关归档，相关机关保存复制件。机关负责人兼任其他机关职务的，在履行所兼职务过程中形成的公文，由其兼职机关归档。

1.2.2　格式的规范性

1. 公文的组成部分

公文一般由份号、密级和保密期限、紧急程度、发文机关标志、发文字号、签发人、标题、主送机关、正文、附件说明、发文机关署名、成文日期、印章、附注、附件、抄送机关、印发机关和印发日期、页码等内容组成，具体内容如表 1-2 所示。

表 1-2　公文的组成部分

组成部分	具体描述
份号	公文印制份数的顺序号。涉密公文应当标注份号
密级和保密期限	公文的秘密等级和保密的期限。涉密公文应当根据涉密程度分别标注"绝密""机密""秘密"和保密期限
紧急程度	公文送达和办理的时限要求。根据紧急程度，紧急公文应当分别标注"特急""加急"，电报应当分别标注"特提""特急""加急""平急"

组成部分	具体描述
发文机关标志	由发文机关全称或者规范化简称加"文件"二字组成，也可以只使用发文机关全称或者规范化简称。联合行文时，发文机关标志可以并用联合发文机关名称，也可以单独用主办机关名称
发文字号	由发文机关代字、年份、发文顺序号组成。联合行文时，使用主办机关的发文字号
签发人	上行文应当标注签发人姓名
标题	由发文机关名称、事由和文种组成
主送机关	公文的主要受理机关，应当使用机关全称、规范化简称或者同类型机关统称
正文	公文的主体，用来表述公文的内容
附件说明	公文附件的顺序号和名称
发文机关署名	署发文机关全称或者规范化简称
成文日期	署会议通过或者发文机关负责人签发的日期。联合行文时，署最后签发机关负责人签发的日期
印章	公文中有发文机关署名的，应当加盖发文机关印章，并与署名机关相符。有特定发文机关标志的普发性公文和电报可以不加盖印章
附注	公文印发传达范围等需要说明的事项
附件	公文正文的说明、补充或者参考资料
抄送机关	除主送机关外，要执行或者知晓公文内容的其他机关，应当使用机关全称、规范化简称或者同类型机关统称
印发机关和印发日期	公文的送印机关和送印日期
页码	公文页数顺序号

2. 公文的版式

公文的版式按照《党政机关公文格式》国家标准执行。

3. 公文的字符

公文使用的汉字、数字、外文字符、计量单位和标点符号等，按照有关国家标准和规定执行。民族自治地方的公文，可以并用汉字和当地通用的少数民族文字。

4. 公文的纸张

公文用纸幅面采用国际标准 A4 型。特殊形式的公文用纸幅面，根据实际需要确定。

1.2.3   语体的简明性

公文语体的简明性是现代公务活动求实、求简、求快的一种体现，唯有"简明"才能避免空话连篇，从而简单明确地传达国家方针政策以及企事业单位领导的意图，确保其贯彻落实到具体工作中。

公文语体的简明性主要体现在以下 4 个方面。

1. 主题的简练性

公文通常开篇即点明主题，全文紧扣主题。根据公文主旨和文种的不同，材料应详略得当，如写"请示"时，"请示"的缘由不宜写得过于细致、繁杂，以免使具体"请示的事项"不突出。

2. 内容的简洁性

公文通常简明扼要地直接说明情况，不拐弯抹角，内容要求简洁明确，尽量删繁就简，去掉可有可无的话。

3. 语言的明确性

公文通常要求观点立场鲜明，语意明确、用词精准。特别是公文中提出的要求，要便于受文者理解并办理实施，因此，公文中多采用陈述句和祈使句，以增强语言的表意作用。此外，公文写作也常采用句子成分共用的形式，避免冗余语句，使语意集中、句式紧凑。

4. 结构的明晰性

每一种公文文种都有相对固定的结构安排和格式要求，要求逻辑结构明晰、严谨，行文朴实庄重，把事项、想法讲清楚、写透彻。此外，公文写作常使用一些约定俗成的公文专用语，如"请示"的结束用语常常是"妥否，请批复"。

1.2.4   对机关工作的依赖性

公文的形成与写作以机关单位的工作为本，公文是机关单位人员工作时使用的有效工具。公文贯穿机关单位各项职能活动，为公务活动的各领域提供有效的信息支持。

在履行职责与义务时，机关单位的工作人员经常利用公文达到与上级领导单位、下级下属单位、其他机关单位沟通及传递本机关内部的信息的目的。

1.3　公文的主要作用

机关单位在行政管理过程中所形成的具有约束效力和规范体式的公务文书，起到传达、贯彻机关单位的方针、政策，发布相关规定章程，实施行政措施，请示和答复问题，指导、布置和商洽工作，报告情况，交流经验等重要作用。

1.3.1　规范和准绳作用

公文类型中的制度、规定、条例等具有规范性质的公文，能够在一定范围内对机关单位工作人员的行为、业务范围等进行约束。以公义形式发布的文书或者文件，能够对机关单位工作人员起到规范和准绳作用。

1.3.2　领导和指导作用

机关单位下发给下级单位的公文，可以传达、贯彻上级单位的意图、方针、政策，给下级单位以指导，从而起到领导作用。而批复等公文，是对下级单位请示的答复，起到指导的作用。

1.3.3　宣传和教育作用

公文在传达、贯彻党和国家方针政策或上级机关单位领导意愿、意图的同时，应辅以必要的说明，规定人们应该怎么做，阐释清楚为什么要这样做，以彰显公文的宣传和教育作用。

1.3.4　依据和凭证作用

公文是机关单位工作人员行使职权、处理工作、解决问题、履行责任与义务的依据，也是记录机关单位领导意图、政策、方针和实施某项重大举措的凭证。

第 2 章
公务类公文

2.1 决议

决议是指党的领导机关针对某重要事项，经会议讨论，决策通过，要求贯彻执行的重要指导性公文。基层机关单位的工作人员虽然在公文写作时很少会涉及决议写作，但是仍有必要了解其特征、类型和写作思路等，这样才能形成比较完整的公文写作知识体系。

2.1.1 决议的 4 大特性

决议的特性如表 2-1 所示。

表 2-1 决议的特性

特性	特性描述
权威性	决议一般是在党的高级领导机构会议上经研究、讨论后形成，代表着发文机关的意志的公文，一经发布，其下属党组织和党员必须严格遵守、贯彻落实，不得违背和抵制，具有极强的权威性
程序性	决议必须按法定程序，经会议充分讨论，在表决通过之后才能形成，具有严格的程序性
群体性	决议的形成必须经过特定的会议，如党员代表大会、人民代表大会等，一般而言，只有半数或三分之二以上的与会人员举手或者投票赞成，才能形成决议，决议是与会者集体意志的体现，具有群体性
稳定性	决议是领导机关针对重大问题或重大事项所作出的决策，决议一经形成，就会在较大范围内对党内机关人员的工作和生活产生重大影响，决议所带来的改变和影响通常会在较长的一段时期内保持相对稳定

2.1.2　决议的 3 种类型

决议的类型如表 2-2 所示。

表 2-2　决议的类型

类型	类型描述
批准某事项或通过某文件的决议	这类决议涉及的内容比较具体，一般用于批准某项报告或文件，如《新疆维吾尔自治区人民代表大会常务委员会关于批准〈自治区人民政府关于确定我区环境保护税应税大气污染物、水污染物适用税额和征税范围方案〉的决议》
安排某项工作的决议	对于重要的、长期的工作，可采用决议的形式进行布置安排，如《云南省人民代表大会常务委员会关于开展第八个五年法治宣传教育的决议》
涉及原则问题的决议	这类决议涉及的内容是原则性的、非事件性的，影响范围更大，影响时间更为久远，如《关于建国以来党的若干历史问题的决议》

2.1.3　决议的 4 大模块及写法

决议的结构一般由标题、成文日期、正文和结尾 4 个模块组成，各模块写作思路如下。

1. 标题

标题一般有 3 种写法。

（1）发文机关＋主要内容＋文种，如"湖南省人民代表大会常务委员会关于深入学习宣传和贯彻实施《中华人民共和国宪法》的决议"。

（2）会议名称＋主要内容＋文种，如"中国共产党四川省第十二次代表大会关于中共四川省第十一届委员会报告的决议"。

（3）省略发文机关，由主要内容和文种组成，如"关于确认十一届三中、四中全会增补中央委员的决定的决议"。

2. 成文日期

决议的成文日期一般居中写于决议标题的下方，以括号加内容的形式呈现，两种具体写法如下。

（1）如果决议的标题中已经有了会议名称，则括号内只需要写明"××××年××月××日通过"即可。

（2）如果决议的标题中没有会议名称，则括号内需要写明"×××委员会第××次会议××××年××月××日通过"。

3. 正文

（1）开头。不同类型的决议，有不同的开头写法。批准某事项或通过某文件的决议开头一般写决议根据、决议内容和大会要求等内容；安排某项工作的决议开头一般写会议基本情况，工作部署的原因、意义等内容；涉及原则问题的决议开头一般写决议目的、依据、背景、意义等内容。

（2）主体。决议的主体部分内容较为复杂，不同类型的决议具体写法如下。

①批准某事项或通过某文件的决议，写法相对简单，主要强调事项或文件的意义，提出决议的号召或要求。

②安排某项工作的决议，应根据具体的文件精神和实际情况，将工作的指导思想、具体内容、拟采取措施和要求等要素有条理、有层次地撰写出来。

③涉及原则问题的决议，主体部分要围绕中心论点，夹叙夹议，展开较多的议论，充分列举论据，并对论据进行科学论证，做到观点鲜明、逻辑严谨、分析深入，最终给出公正的评价和精辟的论述。

4. 结尾

对于号召性的决议，可以用希望、号召性的语言来结尾，但一般情况下，大多数的决议不写结尾。

2.1.4　决议写作 4 大注意事项

1. 注意决议与决定的区别

决议一般要进行公布，而决定有时并不公布，只是告知相关单位或人员；决议必须经过会议审议决定，必须是集体的意志，而决定既可以是由集体讨论决定的，也可以是由领导机关作出的；决议是下级机关制定相应的办法或措施时的依据，一般写得比较概括，原则性的条文多，而决定通常要写得明确、具体，以便直接成为下级机关行动的准则。

2. 针对性要强

决议是针对重大问题和重要事项的，是经过法定程序或一定组织原则形成的会议的产物，用以传达决策者的集体意志。决议必须具备强烈、明显的针对性，因此，决议写作前首先要深入了解会议的背景、目的、意义及中心思想，写作时必须准确把握会议的中心议题，准确阐明会议讨论的重大问题和决策的重要事项。决议的内容要体现决策者的集体意志，做到详略得当、重点突出和主题鲜明，语言上必须用词准确，切忌使用模棱两可的语言。

3. 指导性要强

决议所涉及事项往往比较重大，要从宏观上对过去的工作作出总结，包括评价有关单位或人员的功过，对今后的工作任务部署提出指导性意见，决议事关重大，具有定论的性质。因此，决议的写作要以具有极强的指导性为出发点，观点明确，论据充分，便于理解掌握和贯彻执行。

4. 理论准备要足

决议的定义决定了决议的高度，对于决议的写作，要求写作者必须提高理论修养，在政治立场、政治方向、政治原则、政治道路上坚定同党中央保持高度一致，同时要有深厚的理论准备。特别是拟写论述性决议这类理论色彩较强的决议时，必须有充分的理论准备。

2.1.5　写作示范

决议的写作示范如下，供参考。

中共中央关于党的百年奋斗重大成就和历史经验的决议

（2021 年 11 月 11 日中国共产党第十九届中央委员会第六次全体会议通过）

序言

中国共产党自一九二一年成立以来，始终把为中国人民谋幸福、为中华民族谋复兴作为自己的初心使命，始终坚持共产主义理想和社会主义信念，团结带领全国各族人民为争取民族独立、人民解放和实现国家富强、人民幸福而不懈奋斗，已经走过一百年光辉历程……

…………

一九四五年党的六届七中全会通过的《关于若干历史问题的决议》、一九八一年党的十一届六中全会通过的《关于建国以来党的若干历史问题的决议》，实事求是总结党的重大历史事件和重要经验教训，在重大历史关头统一了全党思想和行动，对推进党和人民事业发挥了重要引领作用，其基本论述和结论至今仍然适用。

一、夺取新民主主义革命伟大胜利

新民主主义革命时期，党面临的主要任务是，反对帝国主义、封建主义、官僚资本主义，争取民族独立、人民解放，为实现中华民族伟大复兴创造根本社会条件……

…………

二、完成社会主义革命和推进社会主义建设

社会主义革命和建设时期，党面临的主要任务是，实现从新民主主义到社会主义的转变，进行社会主义革命，推进社会主义建设，为实现中华民族伟大复兴奠定根本政治前提和制度基础……

…………

三、进行改革开放和社会主义现代化建设

改革开放和社会主义现代化建设新时期，党面临的主要任务是，继续探索中国建设社会主义的正确道路，解放和发展社会生产力，使人民摆脱贫困、尽快富裕起来，为实现中华民族伟大复兴提供充满新的活力的体制保证和快速发展的物质条件……

…………

四、开创中国特色社会主义新时代

党的十八大以来，中国特色社会主义进入新时代。党面临的主要任务是，实现第一个百年奋斗目标，开启实现第二个百年奋斗目标新征程，朝着实现中华民族伟大复兴的宏伟目标继续前进。

…………

（一）在坚持党的全面领导上

改革开放以后，党为加强和改善党的领导进行持续努力，为党和国家事业发展提供了根本政治保证……

…………

（二）在全面从严治党上

改革开放以后，党坚持党要管党、从严治党，推进党的建设取得明显成效……

…………

（三）在经济建设上

改革开放以后，党扭住经济建设这个中心，领导人民埋头苦干，创造出经济快速发展奇迹，国家经济实力大幅跃升……

…………

（十三）在外交工作上

改革开放以后，党坚持独立自主的和平外交政策，为我国发展营造了良好外部环境，为人类进步事业作出重大贡献……

…………

五、中国共产党百年奋斗的历史意义

一百年来，党始终践行初心使命，团结带领全国各族人民绘就了人类发展史上的壮美画卷，中华民族伟大复兴展现出前所未有的光明前景……

…………

六、中国共产党百年奋斗的历史经验

一百年来，党领导人民进行伟大奋斗，在进取中突破，于挫折中奋起，

> 从总结中提高，积累了宝贵的历史经验……
> ……………
> 七、新时代的中国共产党
> 不忘初心，方得始终……
> ……………
> 党中央号召……
> 我们坚信，在过去一百年赢得了伟大胜利和荣光的中国共产党和中国人民，必将在新时代新征程上赢得更加伟大的胜利和荣光！

2.2　决定

决定适用于对重要事项作出决策和部署、奖惩有关单位和人员、变更或者撤销下级机关不适当的决定事项，属于下行文。决定的突出作用是加强领导、统一行动、统一思想、提高效率。

2.2.1　决定的 3 大特性

决定的特性如表 2-3 所示。

表 2–3　决定的特性

特性	特性描述
重要性	决定具有重要性，重要问题、重要事项、重要行动必须作出决策的，才使用决定，一般性的问题、事项、行动不宜用决定，可使用通知、通报等
强制性	决定是由上级机关下发、下级机关必须遵照执行的文件，所以具有行政上的强制性，下级机关不得违背
单向性	决定只能是上级机关给下级机关发送的下行文，而不能是下级机关给上级机关发送的上行文

2.2.2　决定的 4 种类型

决定的类型如表 2-4 所示。

表 2–4　决定的类型

类型	类型描述
指挥性决定	用于对某个问题、某个事项、某项行动进行决策性的指挥部署，如《江西省人民代表大会常务委员会关于加强经济工作监督的决定》

类型	类型描述
法规性决定	法规性决定是用于发布权力机关制定、修订或试行的法律文件，以及由政府部门制定的行政法规，如《全国人民代表大会常务委员会关于修改〈中华人民共和国反垄断法〉的决定》
奖惩性决定	奖惩性决定是用于表彰或处分有关的单位或个人，如《关于表彰×××同志×××年度先进个人的决定》
变更性决定	变更性决定是用于变更人事安排或撤销下级机关不适当的决定事项，如《××××关于撤销×××同志××局××职务的决定》

2.2.3 决定的 5 大模块及写法

决定的结构一般由标题、题注、主送机关、正文、落款 5 个模块组成，各模块写作思路如下。

1. 标题

决定的标题一般有 3 种写法。

（1）由"发文机关＋事由＋文种"三部分组成，如"国务院关于环境保护若干问题的决定"。

（2）由"通过决定的会议名称＋事由＋文种"三部分组成，如"宁夏回族自治区人民代表大会常务委员会关于修改《宁夏回族自治区节约用水条例》等两件地方性法规的决定"。

（3）由"事由＋文种"构成，如"关于开展扫黑除恶专项行动的决定"。

2. 题注

题注的内容主要是作出决定的会议名称和日期，一般在标题下方用括号注明所通过会议的名称和日期。

3. 主送机关

主送机关应当使用全称或规范化简称、统称。

（1）有特定下发单位的决定，要写上主送机关的名称，如"国务院关于取消和调整一批罚款事项的决定"，主送机关为省直各部门，各市、州政府。

（2）普发性的决定，不写主送机关，结尾也不用署发文机关名称。

4. 正文

正文一般包括决定依据、决定事项和执行要求三个部分，其中，决定事项是核心内容，不能省略，决定依据和执行要求可根据实际情况进行省略。

（1）决定依据。对于不能省略决定依据的决定，为了使受文者对决定形成充分的认识，便于开展工作，可以多写一点决定依据，具体包括决定的背景、原因、目的、意义等，让内容更加丰富和具体，为后文形成支撑，该部分内容写完后，一般以"特作出如下决定""现决定如下"等语句过渡到下一部分。

（2）决定事项。决定事项部分是核心部分，其内容一般要明确开展某项工作的基本原则、要求、规定、程序和措施等，明确对某人（或事）的基本态度、具体安排或处置等内容，如果内容较多，应采用分段式的方式撰写。无论哪一类决定，决定事项都应写得准确具体、层次分明、逻辑性强、可行性强，切忌使用模棱两可、含糊不清的语言。

（3）执行要求。对于不能省略执行要求的决定，执行要求应写明落实决定的具体要求和措施，也可以提出希望、发出号召。

5. 落款

落款主要包括发文机关和发文日期，位于正文结尾右下方的位置。

如果标题中已经写明发文机关的全称，则落款可以省略发文机关。如果是某次会议通过的决定，发文日期应该写在决定标题下方的题注中，不写在落款处；如果不是会议形成的决定，则发文日期要在落款处注明。

2.2.4　决定写作的 3 大注意事项

1. 决定要有依据

决定所涉及的事项关系重大，应当严格依据国家的有关政策法令进行书写，还要注意结合实际情况，抓住问题的实质。

2. 行文要严肃明确

决定的高度强制性决定了下级机关必须无条件执行决定所要求的内容，因此，不管哪一种决定，都要注意观点鲜明、具体，文字严谨、精练、准确无歧义，行文要严肃明确，以体现其权威性。

3. 事项要具体可行

对于决定的要求，下级机关必须无条件执行，如果决定要求的具体事项不明确，存在歧义，可能会导致下级机关错误理解和错误执行。因此，决定的事项应写得具体明确，具有可行性和可操作性，以利于下级机关遵照执行。

2.2.5　写作示范

决定的写作示范如下，供参考。

中共××市市场监督管理局局党组关于给予×××开除处分的决定

×××，男，××××年××月××日生，××市市场监督管理局公务人员，因犯×××罪，于××××年×月×日被××市××人民法院判处有期徒刑三年，现判决已依法生效。

×××身为国家机关工作人员，犯×××罪，其行为已触犯刑法。根据《行政机关公务员处分条例》第二十六条之规定，经研究，决定给予×××开除处分。

本决定自发文之日起生效。如对本处分决定不服，可以自收到处分决定书之日起三十日内，向我局申请复核。

中共××市市场监督管理局局党组

××××年××月××日

2.3 命令

命令，又称为令，是国家行政机关及其领导人发布的指挥性、领导性、强制性公文。它适用于依照法律规定公布行政法规和规章、宣布施行重大强制性行政措施以及嘉奖有关单位和人员。在所有公文中，命令的强制性是最强的。

2.3.1 命令的 3 大特性

命令的特性如表 2-5 所示。

表 2-5 命令的特性

特性	特性描述
强制性	上级机关发布的命令，下级机关都必须无条件执行，令出必行，违反命令或抗拒执行命令，都要受到惩罚
重要性	命令所涉及事项，都是一些重要的内容，一般是发布行政法规和规章、宣布施行重大强制性行政措施和奖惩特殊人员
特定性	发文机关严格限定在依法具有相应职能和权限的行政机关及其法定代表，党的机关不适用命令

2.3.2　命令的 6 种类型

按照内容和作用的不同，命令可以分为任免令、行政令、公布令、嘉奖令、动员令、通缉令。具体内容如表 2-6 所示。

表 2-6　命令的类型

类型	类型描述
任免令	任免令是国家领导机关或领导人用于任免重要的国家工作人员时发布的命令
行政令	行政令是行政机关用于宣布施行重大强制性行政措施的命令
公布令	公布令是用于发布行政法规、制度或规章的命令，行政法规、制度或规章一般在发布令的附件中
嘉奖令	嘉奖令是中央机关对集体、个人取得重大功绩进行公开表彰的文书
动员令	动员令是发动人们参加某项活动或积极投入备战的命令，言辞多富有鼓动性
通缉令	通辑令是公安机关依法通缉本该逮捕而在逃的或者被拘留、逮捕后脱逃的犯罪嫌疑人以及从监狱中逃跑的罪犯而制作的法律文书

2.3.3　命令的 4 大模块及写法

命令的结构一般由标题、正文、结尾、落款 4 个模块组成，各模块写作思路如下。

1. 标题

命令的标题一般有 3 种写法。

（1）发令机关名称 + 主要内容 + 文种。

（2）发令机关名称或发令人身份 + 文种。

（3）主要内容 + 文种。

2. 正文

命令的正文主要由开头部分和主体部分构成。

（1）开头部分主要由发布命令的原因、依据、目的、意义等内容组成，一般不宜过长，如果是意义重大的情形，则可以多用些笔墨。

（2）主体部分是全文的核心，主要由命令的事项组成，即受命者应当做些什么、怎么做，这部分一般要求写得条理清晰，容易理解，以方便下级机关贯彻执行。

3. 结尾

结尾部分要写明执行要求，即执行到什么程度。

4. 落款

落款部分主要由发文机关名称或发文人的职务和姓名及成文日期等构成，落款应写在正文右下角，日期要写全年、月、日。

2.3.4　命令写作的 4 大注意事项

1. 谨慎使用

命令必须谨慎使用，不能滥用、错用，一般情况下尽量少用，能用其他文种的尽量不使用命令。如果不分情形随意使用命令，就会降低其权威性和庄重性。

2. 注意措辞

命令的措辞应当庄严、准确。命令是强制性最强的指挥性公文，所以在命令的写作过程中，词句表达要果断，避免使用含糊不清或容易引起歧义的词句。

3. 结构简约

命令代表国家机关的权威，命令的写作应力求做到结构简约、层次简化、语言简洁，不必作出过多的解释和说明。

4. 使用范围固定

命令用于任免人员时，仅限于任免部长级以上的官员，一般官员不用命令任免。命令用于嘉奖时，也仅限于嘉奖具有重大影响的人或事，普通表彰不用嘉奖令。

2.3.5　写作示范

命令的写作示范如下，供参考

××市人民政府森林防火禁火令

×××〔××××〕×号

　　清明期间是森林火灾高发时段，为防止森林火灾发生，保护森林资源和生态环境，保障人民群众生命财产安全。根据《××省森林防火条例》等相关规定，特发布森林防火禁火令。

　　一、禁火时间：每年××月××日起至××月××日止。

　　二、禁火范围：××市行政区域的林地及距林地边缘 30 米范围内。

三、在禁火期间、禁火范围内禁止下列行为：

（一）上坟烧纸、烧香点烛等；

（二）燃放烟花爆竹、孔明灯等；

（三）携带易燃易爆物品；

（四）吸烟、野炊、烧烤、烤火取暖；

（五）烧黄蜂、熏蛇鼠、烧山狩猎；

（六）炼山、烧杂、烧灰积肥、烧荒烧炭或者烧田基草、甘蔗叶、稻草、果园草等；

（七）其他容易引起森林火灾的用火行为。

四、在禁火期内，县级人民政府可以在森林防火区设立临时性森林防火检查站。对进入防火区的车辆和人员进行森林防火安全检查，对携带的火种、易燃易爆物品及其他可能引起森林火灾的物品，实行集中保管，任何单位和个人不得拒绝、阻碍。

五、违反本禁火令者，由公安机关依照《中华人民共和国治安管理处罚法》的规定给予处罚。涉嫌犯罪的，移送司法机关依法处理。

六、禁火令自××××年××月××日起施行，有效期×年。

××市人民政府

××××年××月××日

2.4　公报

公报也称新闻公报，是党政机关、社会团体和有关业务部门通过新闻手段向国内外公开发布重要决定和重大事件时使用的一种具有指导性、新闻性的公文文种。常用于公布我党、我国政府与外国政党、国家进行的会议和访问等重要外事活动及其达成的协议或共识。

2.4.1　公报的 3 大特性

公报的特性如表 2-7 所示。

表 2-7　公报的特性

特性	特性描述
政治性	公报一般是由党和国家高级领导机关或高层政府等发布的、具有重大意义的正式公文，代表着党和国家的立场和态度，因此具有极强的政治性

特性	特性描述
新闻性	公报具备新闻的时效性、宣传性等特点，遵循新闻发布的原则和要求，公报所载重大事项的内容和时间要新，一般而言，会议、会谈或有关事件一结束，就要立即发表公报
公开性	公报所公布的内容是党和国家的重大事件或重要事项、重要决定，备受国内外各界人士的密切关注和高度重视

2.4.2　公报的 3 种类型

公报的类型如表 2-8 所示。

表 2-8　公报的类型

类型	类型描述
会议公报	会议公报是用以报道重要会议或会议的决定和情况的公报，一般用于党中央召开的会议
事项公报	事项公报是党的高级领导机关、高层行政机关用以发布重大情况、重大决策、重大措施、重要事件的文件
联合公报	联合公报具有一定特殊性，其用以发布国家之间、政党之间、团体之间经过会议达成的某种协议，具有条约的性质，如《中美联合公报》

2.4.3　公报的 4 大模块及写法

公报的结构一般由标题、成文时间、正文和结尾 4 个模块组成，各模块写作思路如下。

1. 标题

公报标题一般有 3 种写法。

（1）直接写文种，如"新闻公报"。

（2）会议名称＋文种，如"×××会议公报"。

（3）由发表公报的双方或多方国家的简称、事由、文种构成的联合公报，如"中华人民共和国和苏里南共和国联合新闻公报"。

2. 成文时间

成文时间用括号在标题之下居中位置注明公报发布的年、月、日。

3. 正文

正文一般由正文开头和正文主体两部分构成。

（1）正文开头即正文的前言部分。会议公报开头可直接概述会议的名称、时间、地点、与会人员等。事件公报可用言简意赅的文字概述何时、何地、发生了何种重大事件。联合公报则是概述何时、何地、哪方与哪方举行了什么会谈，达成了对什么问题的共同看法等。

（2）正文主体是公报的核心，要求把公报的内容完备翔实、客观具体、有条有序地表达清楚。常见写作方式有以下 3 种。

①分段式，适用于每段说明一层意思或一项决定，这也是公报普遍使用的形式。

②序号式，适用于内容错综复杂、涉及问题比较多的公报。

③条款式，多用于联合公报。

4. 结尾

事项公报和会议公报一般没有尾部，联合公报要在正文之后写明双方签署人的身份、姓名、日期，并写明签署地点。

2.4.4 公报写作的 3 大注意事项

1. 要注意公报和公告的区别

公报写作时应重点区分公报和公告的含义和特征，避免混淆。公报用于公开发布重要决定或者重大事件，公开程度较高，涉及内容的重要性一般较强。公告则适用于向国内外宣布重要事项或者法定事项，通常以国家各级领导机关的名义发布，社会团体、企事业单位和基层组织一般不使用这一公文文种。

2. 要抓住重点

公报所载的事项重大，内容较多。在撰写公报时必须紧紧围绕主题，抓住重点，详略得当，要把写作重点放在对事件的陈述和观点的阐述上，紧扣全文的核心内容，逻辑清晰，分清主次，切忌胡乱堆砌。此外，对于公报中的数据和事实，要确保其准确性和权威性。

3. 要准确用词

公报所公布的事件或决定都会产生重大影响，因此，在写作过程中要反复斟酌、仔细推敲，确保用词的准确性，客观、准确地传达事实，避免使用主观性或模糊性的语言，确保读者能够准确理解公报的内容。

2.4.5 写作示范

公报的写作示范如下，供参考。

中华人民共和国和×××国建交联合公报

（××××年××月××日）

中华人民共和国政府和×××国政府根据两国人民的利益和愿望，决定两国自××××年××月××日起建立大使级外交关系。

两国政府同意，在相互尊重主权和领土完整、互不侵犯、互不干涉内政、平等互利、和平共处的原则基础上，发展两国之间的友好合作关系。

×××国政府承认中华人民共和国政府是中国的唯一合法政府，台湾是中国领土不可分割的一部分。×××国政府承诺不和台湾建立官方关系和进行官方往来。

中华人民共和国政府支持×××国合法政府为维护国家独立、发展经济所做的努力。

双方表示了在经济、科技、文化、司法等领域合作的意愿。双方愿就重要的政治问题和国际问题，包括裁军进程问题交换意见。

两国政府同意，在平等互利的基础上，根据国际惯例，互相为对方在其外交代表履行职务方面提供一切必要的协助。

中华人民共和国政府完全支持×××国申请成为联合国正式成员。

中华人民共和国　　　　　　　　　　　　×××国

政府代表：　　　　　　　　　　　　　　政府代表：

×××　　　　　　　　　　　　　　　　×××

　　　　　　　　　　　　　　××××年××月××日于×××地

2.5 公告

公告是政府、团体对重大事件的有关情况向公众正式公布的文书。《党政机关公文处理工作条例》规定，公告"适用于向国内外宣布重要事项或者法定事项"。在实际的应用中，某些部门经授权，也可以代表国家对内或者对外发表公告。

2.5.1 公告的 4 大特性

公告的特性如表 2-9 所示。

表 2-9 公告的特性

特性	特性描述
限制性	公告是一种权威性较高的公文，宣布的是重大事项和法定事项，只有高层权力机关（人大及其常委会），行政机关（国务院）及其职能部门，各省、自治区、直辖市行政领导机关，以及某些特定机关才有权力发布公告，而其他地方行政机关和社团之类的团体都没有发布公告的权力。某些特定机关如海关、人民银行、检察院、法院、教育部、铁路局、税务局等
告知性	公告是向"国内外"发布重要事项和法定事项的公文，具有广泛的告知性，它的信息传达范围非常广，有时是全国，有时是全世界。公告的发布不用红头文件的形式，不在机关内部运行，而是通过网络、电视、报纸、杂志新闻等媒介公开发布公告的题材
重大性	公告的事项应当是能在国际国内产生一定影响的重要事项，或者依法必须向社会公布的法定事项。一般性的决定、指示、通知的内容很难具有全国乃至全世界的政治意义，所以它们都不能用公告的形式发布
新闻性	公告的事项都是新近的、引人关注的事项，所以在一定程度上具有新闻的特点

2.5.2 公告的 2 种类型

公告的类型如表 2-10 所示。

表 2-10 公告的类型

类型	类型描述
重要事项的公告	凡是用来宣布有关于国家的政治、科技、教育、人事、经济、军事、外交等方面需要告知全民的重要事项的，都属此类公告，如颁布宪法、选出中央政府领导人、公布中国人民解放军陆海空三军演习、公布国家领导人的逝世等
法定事项的公告	一些重要事情和主要环节依照有关法律和法规的规定必须以公告的方式向全民公布。如《中华人民共和国公务员法》第二十八条规定："录用公务员，应当发布招考公告。招考公告应当载明招考的职位、名额、报考资格条件、报考需要提交的申请材料以及其他报考须知事项。"如《××省××××年度考试录用公务员公告》

2.5.3 公告的 3 大模块及写法

公告的结构一般由标题、正文、结尾 3 个模块组成，各模块写作思路如下。

1. 标题

标题一般由发文机关、主要内容和文种三部分组成，如"市场监管总局关于特种设备行政许可有关事项的公告"。公告标题有时也可以只表明文种，但要注意标题如无发文机关名称，则必须在结尾落款。

2. 正文

公告正文一般由公告缘由、公告事项和结语三部分组成。

（1）公告缘由。公告缘由主要由发布公告的根据、目的、意义等内容组成。有些公告可以省略公告缘由，直接写公告事项。

（2）公告事项。公告事项是公告的主体部分。每篇公告的内容各不相同，所以主体的构成情况也不同，主体部分可以分条列出，也可以整体贯通。总之，主体部分要求条理清楚、简明正确。

（3）结语。结语可以写实施的期限、范围、执行要求以及违反的后果等，也可以只写结束用语，如"特此公告"。在写作实践中，有时甚至可以不用"特此公告"的结语，写完公告事项后即完成公告正文的写作。

3. 结尾

结尾需要写明发文机关和成文时间，居于公告正文右下方。

2.5.4　公告写作的 3 大注意事项

1. 警惕公告的滥用

在实际的工作中，公告的使用范围和使用界限已经变得十分模糊，很多地方机关和单位在需要公开告知某些事项的时候，也经常会用公告的形式发布，如法院的开庭公告、公示公告等，因此，应警惕滥用公告的行为，规范使用公告。

2. 一事一告，语言精练

公告面向全国，甚至全世界，所公布的事项为重要或重大事项，所以在写作的时候要做到一事一告，并注意做到语言精练、庄重严谨、通俗易懂。

3. 注意适时编号

大多数情况下，公告一般不编号，但同一个时间段需要连续发布几个公告时，就应该在标题下面编号。

2.5.5　写作示范

公告的写作示范如下，供参考。

关于明确进出口货物税款缴纳期限的公告

公告〔××××〕××号

为加强海关税收征管，进一步做好纳税服务，现将进出口货物税款缴纳有关事项公告如下：

一、海关制发税款缴纳通知并通过"单一窗口"和"互联网＋海关"平台推送至纳税义务人。

二、纳税义务人应当自海关税款缴纳通知制发之日起 15 日内依法缴纳税款；采用汇总征税模式的，纳税义务人应当自海关税款缴纳通知制发之日起 15 日内或次月第 5 个工作日结束前依法缴纳税款。未在上述期限内缴纳税款的，海关自缴款期限届满之日起至缴清税款之日止，按日加收滞纳税款万分之五的滞纳金。

三、纳税义务人自行打印的版式化《海关专用缴款书》，其"填发日期"为海关税款缴纳通知制发之日。

四、本公告自印发之日起施行。海关总署公告××××年第××号与本公告不一致的，以本公告为准。海关总署公告××××年第×××号同时废止。

特此公告。

海关总署

××××年×月××日

2.6　通告

通告用于在一定范围内向社会各有关方公布应当遵守或者周知的事项，它属于周知性的文种。当工作中出现某个问题，或者预见到可能出现问题时，又或者有需要外界配合的工作或其他事项时，在这种情况下，可以使用通告。

2.6.1　通告的 3 大特性

通告的特性如表 2-11 所示。

表 2-11 通告的特性

特性	特性描述
广泛性	通告的广泛性体现在其告知范围和适用范围广泛，不仅在机关单位内部公布，而且向社会公布。通告的内容涉及社会生活的各个方面，各级机关、企事业单位、社会团体都可以使用。此外，通告的发布方式多样，可通过网络、广播、电视、报刊等渠道发布，也可以张贴发文，使通告覆盖的范围更加广泛
约束性	通告所告知的事项可作为有关方面的行为准则或作为对某些具体活动的约束限制，需要受众遵守，具有一定的约束性
业务性	通告的内容多涉及住房、水电、交通、金融、公安、税务、海关等业务主管部门办理的事务性事宜，因此通告的内容大都具有一定的专业性特征

2.6.2 通告的 2 种类型

通告的类型如表 2-12 所示。

表 2-12 通告的类型

类型	类型描述
规定性通告	这类通告主要用于公布国家有关政策、法规或要求遵守的约束事项，告知对象必须严格遵照执行，具有强制性和约束力，如《×××县人民政府关于在中考期间禁止燃放烟花爆竹的通告》
周知性通告	这类通告一般情况下只是传达告知业务性、事务性事项，没有执行要求，不具有强制性和惩处意义，如《×××县交通局关于实施机动车限行措施的通告》

2.6.3 通告的 5 大模块及写法

通告一般由相应的主管部门或者上级单位发布。通告的写作应注意使用恰当的措辞。

通告的结构一般由标题、事由、通告事项、结语和落款 5 个模块组成，各模块写作思路如下。

1. 标题

通告的标题一般有 3 种写法。

（1）由事由 + 文种构成，如"关于 ××× 的通告"。

（2）由发文机关 + 事由 + 文种构成，如"××× 关于 ××× 的通告"。

（3）由发文机关 + 文种构成，如"××× 的通告"。

如遇特别紧急情况，可在"通告"前加上"紧急"二字。

2. 事由

主要阐述发布通告的背景、依据、目的、意义等。

3. 通告事项

通告事项是通告全文的核心部分，主要包括周知事项和执行要求。在撰写此部分时，应确保内容明确、具体，清晰阐述执行要求，以便于收文对象准确理解并按要求执行。

4. 结语

一般用"特此通告"或"本通告自发布之日起实施"表达，具体写法如下。

（1）提出希望、要求，如"以上各点，望遵照执行"；

（2）指出实施时间，如"本通告自发布之日起实施"；

（3）提出奖惩要求，如"对有功单位和人员，给予表扬、奖励""对违反本通告者，将依法严惩"；

（4）以惯用语"特此通告"作为结束语，为避免重复，首段如有过渡语"特通告如下"，则结尾惯用语可省略。

5. 落款

通告在正文之后署上发文机关的名称和成文时间，并确保年、月、日齐全。

2.6.4 通告写作的注意事项

公文写作人员应充分了解通告与公告的联系和区别。避免在写作过程中将二者混淆。

1. 通告与公告联系

（1）二者都是党政机关 15 种法定公文中的重要文种。

（2）二者都是面向全社会公开发布。

（3）二者的内容都具有周知性、广泛性和公布性等特点。

2. 通告与公告区别

《党政机关公文处理条例》规定，通告适用于在一定范围内公布应当遵守或周知的事项；公告适用于向国内外宣布重要事项或者法定事项。通告与公告的区别如下。

（1）发布目的不同。通告是在一定范围内公布应当遵守或者周知的事项，事项有大有小，多数通告的目的不仅仅是告知，还要求有关人员遵守或执行通告的事项。公告关于重大事项或法定事项的宣布是以告知为目的，一般不强制要求执行其事项。

（2）发文范围不同。通告公布的事项可能面向全国、全省、全市，也可能面向某一个社区；公告是面向国内外宣告事项，发布范围不只在国内，还面向全世界。因此，通告的发布范围明显小于公告。

（3）发文机关不同。通告的发文机关很广泛，上至国家最高行政机关，下至基层行政单位，甚至社会团体、企事业单位在自己权限范围内均可制发通告。公告的制发机关有较高权限，多为党和国家的上层机关，以及一部分特殊部门，基层单位无权发布公告。

（4）发布形式不同。通告发布范围相对较小，一般通过公开张贴、悬挂、下发等告知形式发布。而公告的发布渠道主要是网络、电视、广播、报刊等大众传媒，一般不采用红头文件。

（5）发布时间不同。通告多用于事前制定某些规定或提出某些要求，让有关方面遵守、执行，因此多是事前告知。公告则是在重大事项发生后的较短时间内迅速发布，具有很强的告知性。

2.6.5　写作示范

通告的写作示范如下，供参考。

关于开展实有人口大排查专项行动的通告

广大居民朋友：

　　大家好！

　　为深入贯彻落实×××市委市政府"强省会"五年行动决策部署，摸清实有人口底数，确保为疫情防控和维护社会稳定工作提供精准指引和数据支撑，×××派出所将联合×××区社会事务局在辖区内开展实有人口大排查专项行动。现将有关事宜通告如下：

　　一、排查时间：××××年××月××日至××××年××月××日。

　　二、排查区域：×××、×××、×××、×××、×××、×××、×××。

　　三、排查内容：实有房屋的核实、实有人口的核实及实有单位的核实。

　　四、排查方式：集中排查、电话核实、入户走访等方式。此次排查包含对户口信息的核对同时也关系到您的切身利益，希望广大居民朋友积极配合公安机关做好此次排查工作，感谢您对公安工作的支持！

　　若对工作人员身份有疑虑的，可拨打×××公安分局×××派出所值班室电话（×××××××）进行核实，以免上当受骗。

　　本通告自发布之日起实施，有效期至××××年××月××日。

　　特此通告！

××××年××月××日

×××派出所

2.7　意见

意见是上级领导机关、同级机关之间或主管部门，针对当前或者将来要进行的主要工作或待解决的重大问题提出原则性的见解和具体的处理办法，直接发至下级机关或转发到有关机关要求其遵照执行的，具有指示作用的公文。

2.7.1　意见的 3 大特性

意见的特性如表 2-13 所示。

表 2-13　意见的特性

特性	特性描述
建议性	意见往往是对问题、事项或者规章制度等提出看法与要求，具有建议性的特点，即使作为下行文出现时，传达的也并非绝对的指令，下级机关可以参照执行或灵活处理
灵活性	意见可作为上行文、下行文、平行文出现。作为上行文时，是下级机关向上级机关提出一些建议和参考意见，应按照请示性公文的程序和要求处理。作为下行文时，是上级机关对下级机关提出的一些指导性、规定性的意见。作为平行文时，是职能部门之间提出供对方参考的意见
时效性	意见应当在一定的时限内传达到受文机关，以避免因超出时限影响到工作的开展和问题的解决

2.7.2　意见的 3 种类型

意见的类型如表 2-14 所示。

表 2-14　意见的类型

类型	类型描述
指导性意见	指导性意见通常在上级机关或有关主管部门向下属单位传达指示、布置工作时使用，其内容多是阐述基本思想、原则，提出执行要求，作出工作安排
参考性意见	参考性意见主要是下级单位向上级领导单位提出某项或某方面工作的意见、建议，目的是供上级机关决策时参考
请批性意见	下级某些职能部门就开展某方面的工作提出设想和打算，但又没有相应权限要求有关单位执行，需要向上级机关阐明自己的观点和意见，请求上级机关作出处理或予以答复

2.7.3　意见的 6 大模块及写法

意见的结构一般由标题、主送机关、开头、主体、结尾和落款 6 个模块组成，各模块写作思路如下。

1. 标题

意见的标题一般由发文机关、事由、文种组成。根据行文的需要，可以在文种前加上"几点""若干"等说明性的文字，如"×××市人民政府关于做好促进就业工作的几点意见"。

2. 主送机关

上行文意见的主送机关通常只有一个。下行文意见常常会涉及多个地区、机关和部门，其主送机关、收文机关通常较多，应当使用全称或规范化简称、统称。

3. 开头

意见的开头要概括性说明制定意见的缘由、目的或依据，经常用的引导语是"现提出如下意见"，并且作为承启语转入意见的主体部分。

4. 主体

主体部分主要写如何认识问题和如何解决问题。内容安排应该先写指导性意见，后写具体怎么做。内容较多、篇幅较长的意见，可以用序号或小标题进行排列，以使意见的结构清晰明了。

5. 结尾

请批性意见的结尾可提出请求批转的要求，如"以上意见如无不妥，请批转有关单位执行"。指导性意见的结尾通常提出执行要求，如"以上意见，请结合实际情况贯彻执行"。参考性意见的结尾一般为"以上意见，请审阅""以上意见，请予以考虑"。

6. 落款

在正文的右下方署上发文机关的名称和成文时间。

2.7.4　意见写作的 3 大注意事项

1. 把握行文方向

意见的行文方向有上行文、下行文和平行文，写作时应把握不同行文方向的要求。

（1）上行文的意见是下级机关就某事项或问题向上级机关提出见解或解决办法的意见，目的是供上级机关决策参考。写作时用语要尊敬，语气要谦和、客观。文种选择上要注意与报告进行区分。

（2）下行文的意见是上级机关就出现的新情况、新问题对下级机关作出指导，允许下级机关根据实际情况，在政策允许的范围内灵活地、有选择地决策和实施的意见。意见写作时可用指令性的语气。

（3）平行文的意见是不存在隶属关系的不同职能部门之间提出的、供对方参考的意见。行文语气方面要体现相互尊重、平等商榷的态度。平行文的意见大致有两种，第一种是提出自己的见解，带有与对方平等商榷的意思；第二种是提出针对某件事项的具体解决办法，带有建议的性质。

2. 注意表达方式

意见中应该以说理的表达方式为主，要求说理简洁明了、易于理解，不要使用写论文或宣传材料的手法作全面论述。

3. 注重调查研究

意见大多是就工作中出现的新问题提出解决方案。所以，在意见写作之前应该深入调查研究，掌握第一手资料，避免提出错误的意见、作出错误的判断和指导。

2.7.5 写作示范

意见的写作示范如下，供参考。

国务院办公厅关于推动个人养老金发展的意见

国办发〔××××〕×号

各省、自治区、直辖市人民政府，国务院各部委、各直属机构：

为推进多层次、多支柱养老保险体系建设，促进养老保险制度可持续发展，满足人民群众日益增长的多样化养老保险需要，根据《中华人民共和国社会保险法》《中华人民共和国银行业监督管理法》《中华人民共和国保险法》《中华人民共和国证券投资基金法》等法律法规，经党中央、国务院同意，现就推动个人养老金发展提出以下意见：

一、总体要求

···········

二、参加范围

···········

三、制度模式

....

四、缴费水平

....

五、税收政策

....

六、个人养老金投资

....

七、个人养老金领取

....

八、信息平台

....

九、运营和监管

....

十、组织领导

....

国务院办公厅

××××年×月×日

2.8　通知

《党政机关公文处理条例》规定，通知"适用于发布、传达要求下级机关执行和有关单位周知或者执行的事项，批转、转发公文"。通知是最常用的党政公文。

2.8.1　通知的 3 大特性

通知的特性如表 2-15 所示。

表 2–15 通知的特性

特性	特性描述
时效性	通知所传达的事项，往往具有比较明确的时间限制，通常要求收文对象快速办理

续表

特性	特性描述
广泛性	通知是党政机关、社会团体和企事业单位使用范围最广的文种，不受发文机关的限制，通知主要是下行文，有时也可作为平行文使用，可用于传达指示、发布规章、布置工作、批转文件、任免干部等
特定性	通知的收文对象是特定的，通常是向特定收文对象告知或转达有关事项，要求收文机关周知或执行

2.8.2 通知的 6 种类型

通知的类型如表 2-16 所示。

表 2-16 通知的类型

类型	类型描述
事务性通知	是告知性通知，需要下级机关或有关单位知悉某一事项时适用此类通知
发布性通知	用于发布行政规章制度及党内规章制度
批转性通知	用于上级机关批转下级机关的公文给所属人员，让其周知或执行
转发性通知	用于转发上级机关和不相隶属的机关的公文给所属人员，让其周知或执行
指示性通知	用于上级机关指示下级机关如何开展工作
任免性通知	用于任免和聘用干部

2.8.3 通知的 4 大模块及写法

通知的结构一般由标题、主送机关、正文和落款 4 个模块组成，各模块写作思路如下。

1. 标题

通知的标题应采用标准的公文标题格式，由发文机关、主要内容和文种组成。如果涉及多个部门联合行文，则可以省略发文机关，但需保证标题的完整性和清晰度。另外，根据行文的需要，还可在通知标题前加上"紧急""补充""联合"等说明性文字。

2. 主送机关

主送机关即要求对通知事项知悉或予以办理、执行的收文机关。通知的主送机关较多时，要注意主送机关排列的规范性，主送机关的名称应当使用全称或规范化的简称、统称，不能疏漏。

3. 正文

不同类型的通知，其正文写法会有所不同。

（1）事务性通知。事务性通知由通知缘由、通知事项、结尾三部分组成。

①通知缘由写发通知的原因、目的或依据，不作分析。

②通知事项，告知收文机关需要了解、知晓的事项，如果内容较复杂，可分段列项来撰写。

③结尾一般用"特此通知"等专用结语，也可以没有结尾。

（2）发布性通知。发布性通知的正文篇幅较短小。一般由发布对象、发布决定和执行要求三部分组成。执行要求部分通常有两种，一种很简要，使用"请遵照执行"即可，另一种则需根据文件内容，提出贯彻执行的措施和具体要求。

（3）批转（转发）性通知

批转（转发）性通知的正文一般由被批转（转发）对象、发布决定和执行要求三部分组成。执行要求部分可简单表述为"请认真贯彻执行"，也可结合实际情况补充具体规定。

特别注意，若需要强调通知内容的重要性和执行要求等内容，这类批转（转发）性通知也叫"按语式"通知。由正文和被批转（转发）的文件两部分组成的通知，其中被批转（转发）的文件仍属于正件，而不是附件。

（4）指示性通知。指示性通知的正文部分通常由通知缘由、通知事项和结语三个部分组成。

①通知缘由：通常包括发文的背景、原因、目的、意义及行文依据，使用过渡语"现将有关事项通知如下""特通知如下"等开启下文。

②通知事项：是通知的主体部分，应写明指示或工作部署内容，包括工作原则、要求、具体措施、工作中的注意事项等。

③结语：提出希望和执行要求，有的则写明将执行情况按规定时间上报发文机关等内容。常用的结束语有"以上通知请认真执行""特此通知，望遵照执行"等。

（5）任免性通知。任免性通知的正文部分比较简单，一般由通知缘由、通知事项和结尾三个部分组成，一般只要写清楚决定人事任免的时间、机关、会议或依据文件，以及任免人员的具体职务即可。

4. 落款

在正文的右下角署上发文机关的名称和成文时间，成文时间应将年、月、日标全。

2.8.4　通知写作的 3 大注意事项

（1）注意区分通知和通告。公文写作的时候，应当注意从通知和通告的适用范围、告知对象、结构和写法等方面区分通知和通告，避免将二者混淆。

（2）通知正文的写作缘由要表述清楚、准确，语句语法要严谨得当，避免受众不能正确理解正文内容。

（3）写作者的思路要清晰，要深刻理解通知的目的，对下发通知的背景和所要求执行的事项，要有明确的认识并能够深刻理解。

2.8.5 写作示范

通知的写作示范如下，供参考。

×××市市场监督管理局关于举办广告从业人员培训交流
活动的通知

局属各有关单位，×××市广告行业组织、广告经营单位：

×××市市场监督管理局既是广告监管执法部门，也是指导促进广告业发展的行业主管部门。为从源头上规范×××市广告市场秩序，更好地促进广告业健康发展，×××市市场监督管理局定于××月××日以线下＋线上方式举办广告从业人员培训交流活动，现将有关事项通知如下：

一、培训时间、地点及方式

时间：××××年××月××日14:30—16:30

授课讲师及市场监督管理局人员线下参加。地点：×××市市场监督管理局一楼多功能厅（××区××大道××号××大厦一楼多功能厅）。

从业人员通过××会议App线上参加。会议号：×××××××

会议名称：×××市广告从业人员培训会。

二、参加人员

（一）市市场监督管理局广告处全体人员；

（二）市市场监督管理局各辖区局相关科室1名负责人、1名业务骨干；

（三）市广告行业协会全体人员；

（四）全市广告经营单位从业人员（包括分管业务的中高层管理人员、业务骨干等）。

三、议程内容

（一）市市场监督管理局广告处处长×××作开班动员讲话；

（二）市版权协会讲授广告领域知识产权相关知识；

（三）×××市××文化传播有限公司分享交流广告创意制作经验做法；

（四）市信用中心讲授广告领域信用管理相关规定；

（五）市市场监督管理局广告处通过"以案说法"讲授广告合规业务。

四、有关事项

（一）本次培训课程设计以问题和需求为导向，与时俱进、内容丰富，具有较强的针对性、实操性、指导性；授课讲师均为相关领域实务专家，具有较高的政策理论水平和丰富的实践经验，机会难得，请各单位高度重视，按要求组织相关人员参加，并于××月××日上午 9:00 前将培训报名回执（见附件）反馈至市场监督管理局广告处，如有针对授课内容的问题也请一并反馈。

（二）请各单位支持配合做好本次培训的宣传、存档等工作，于××月××日前通过微信、邮件等渠道发送参训现场照片 2~5 张，以及 300 字左右的参训收获、体会以及培训改进建议。

（三）请各辖区局积极组织发动本辖区广告经营单位尤其是头部企业参训。

（四）请市市场监督管理局行政处配合做好会场布置、音响调试、茶水保障等有关会务保障工作，请市信用中心于××月××日上午 11:30 前进行会议的视频连线、调试工作。

特此通知。

附件：培训报名回执

×××市市场监督管理局

××××年××月××日

2.9　通报

通报适用于表彰先进、批评错误、传达重要精神和告知重要情况。是上级向下级告知有关人和事的公文，主要作用是信息沟通，各级党政机关和单位都可以使用。一般用于表彰好人好事，批评错误和歪风邪气，通报恶性事故，传达重要情况以及需要各单位知道的事项。

2.9.1　通报的 3 大特性

通报的特性如表 2-17 所示。

表 2-17　通报的特性

特性	特性描述
教育性	撰写通报的目的，不仅仅是让人们知晓内容，更重要的是要教育和启示人，通报正面的事件，发挥感召的作用，让人们从中接受先进思想；以错误的典型作为反面教材进行通报，让人警惕错误，引起注意，避免重蹈覆辙，以促进工作的开展
及时性	撰写通报的目的，一般是让人们知晓并了解现实工作生活中的一些正反面的典型或某些带倾向性的重要问题，所以通报的写作讲究时效性，未能及时对问题进行通报，则通报教育和启示的作用将大打折扣

续表

特性	特性描述
政策性	通报中的表扬性通报和批评性通报具有较强政策性，通报中的决定，会直接涉及具体的单位和个人，同时也会影响到相关的单位和个人，影响较大。因此，通报必须讲究政策依据，用权威的政策让人信服

2.9.2　通报的 3 种类型

通报的类型如表 2-18 所示。

表 2-18　通报的类型

类型	类型描述
表彰性通报	表彰性通报，即用于表彰先进单位或个人的通报。这类通报，首先会重点提出先进单位或个人的先进事迹，宣传先进思想，树立学习榜样，然后提出希望、要求，最后发出向其学习的号召
批评性通报	批评性通报，即通过对典型单位或人物的错误行为、不良倾向、丑恶现象和违章事故等进行通报批评，引起相关人员的重视，让受批评的对象吸取教训，引以为戒
情况通报	情况通报，即上级机关把现实工作和社会生活中出现的重要情况告知所属单位和群众，让大家都了解情况，以便解决问题

2.9.3　通报的 4 大模块及写法

通报的结构通常由标题、主送机关、正文和落款 4 个模块组成，各模块写作思路如下。

1. 标题

由制发机关、被表彰或被批评的对象和文种构成，如 "×××公安局关于表彰×××同志的通报"。

2. 主送机关

一般写明主送机关，收文机关较多时应注意主送机关排列的规范性，收文机关的名称应使用全称或规范化简称、统称，特指某一范围时，可以不标注主送机关。

3. 正文

不同类型的通报正文有不同的写法。

（1）表彰性通报。根据表彰对象数量的多少，在写法上存在一定差异。

①表彰的对象是单个个人或某一件事时，其主要内容包括三个方面。一是通报缘由，通报缘由应客观陈述事实，写明事件的时间、地点、单位、人物、起因、发展及结果。将事实讲清楚，并对事件进行评价，分析事件的积极意义和表率作用。二是通报决定，要求文字简洁，

写明给予某某人什么奖励或授予某某人什么荣誉。三是提出希望与要求，号召大家学习先进的人物或事件。

②表彰的对象是多个人或多件事时，如果把每个人或每件事都介绍一遍，会占据大量的篇幅，因此，正文不可能对每个人或每件事都逐一陈述。而是可以先概述众多单位或个人的事迹，并总体进行评价，再以"为了……"的句式引出通报的目的。"通报决定"和"希望与要求"与前述表彰单个个人或某一件事的通报写法相似。需要注意的是，被表彰的对象数量众多和名称较长时，一般以附件的形式载明各表彰对象的名称。

（2）批评性通报。批评性通报包括以下三部分。

①第一部分写明通报缘由。陈述并分析被批评对象的错误性质、原因、危害、不良影响及教训，并简洁明了地予以分析、总结和定性。

②第二部分写明处理意见。处理意见一定要有依据和来源，体现权威性，让人信服。

③第三部分对批评对象提出改正错误的具体要求。批评的目的之一就是希望有关方面引以为戒，避免类似的错误，因此批评性通报的结尾处，通常还可以针对性地提出防范的措施或规定。

（3）情况通报。情况通报有两种形式，一种只对有关事实进行客观的叙述（以下简称普通情况通报）；另一种夹叙夹议，叙述有关情况的同时，对其进行分析说明，并针对具体问题提出应采取何种对策的指导性意见（以下简称指导性通报）。两种通报的写法如下。

①普通情况通报正文通常包括三个部分。

一是导语。用简明扼要的语言叙述总体情况，简要写明对具体事项的做法及取得的主要成绩，然后在作出总体评价的基础上引出发布通报的根据、目的和意义等。最后用"现将有关情况通报如下"的句式引出下文。

二是主体。实际工作中的具体事实或工作情况往往会很复杂，如果内容较多、篇幅较长，需要对内容进行梳理归类，合理划分层级、有条理地安排结构。

三是结语。可以是惯用语，结语处可以简单提出要求或希望，最后用"特此通报"收束全文。

②指导性通报要突出分析、评价、指导。主体内容可在普通情况通报内容的基础上，对通报的情况进行深入的分析与评价，以得出具有指导性的结论。

4. 落款

落款处写明发文机关名称和成文时间。

2.9.4　通报写作的 4 大注意事项

1. 典型性

批评性通报的目的是使受文对象吸取经验教训，避免犯同样错误，因此要选取最典型的、最具代表性的、具有普遍指导意义的事例，使通报具有广泛的教育性。

2. 真实性

通报所采用的各类材料，必须真实、准确，不得有半点的臆想、虚构和捏造，以免引起不必要的纠纷或问题。通报写作前，写作人员要反复调查核实有关材料、事例，务必注意准确反映客观事实。

3. 简明性

通报的结构力求简约，层次力求简化，语言力求简洁，在把事情、想法写清楚、写明白、写透彻的前提下，文字越简洁越好，慎用文学手段。不能写大话、空话、假话、套话，避免言之无物、哗众取宠。

4. 时效性

通报具有很强的时效性，对于重大事项或重要情况，应抓住其中的先进典型和反面典型，及时公布，引起重视，起到交流情况、指导工作、教育启示的作用。错过时机的通报，就会失去一定的时效性，起不到应有的作用或者作用大打折扣。

2.9.5　写作示范

通报的写作示范如下，供参考。

××市市场监督管理局关于表扬2021年餐饮从业人员培训工作表现突出集体和个人的通报

各有关单位、个人：

依据市场监管总局《餐饮质量安全提升行动方案》和××省市场监管局《××省餐饮从业人员培训实施方案》的要求，全市市场监管系统以抓好"2021年从业人员培训年"为切入点，以"智慧培训"为突破，研发运行升级版的食品安全线上培训平台"食安快线通用版"App、上线各岗位应知应会课程和考题供全省上百万餐饮从业人员免费使用；各级市场监管部门积极借助食药志愿者、义工、督导员、第三方专业服务、街道、教育部门等多方力量，结合疫情防控工作组织开展全市餐饮行业广泛参与、协同共治，想方设法全面推进餐饮从业人员网络培训工作，全市在营6.7万家餐饮单位17万名餐饮从业人员提前完成年度线上培训考核任务，首次实现了全市在营餐饮单位线上培训考核覆盖率100%，成为全省线上培训人数、完成餐饮单位数量

最多的城市，全市餐饮从业人员食品安全专业知识得到有效提升。餐饮从业人员培训便民利企的培训模式获得了餐饮从业人员的普遍认可，被列入了市"我为群众办实事"优秀案例，××食品安全网络培训工作得到了××省市场监管局和市场监管总局的高度认可和大幅推广。

在2021年餐饮从业人员培训推进工作中涌现出一批履职尽责、敬业奉献的先锋模范。为弘扬正气、树立榜样、鼓励先进，市市场监管局决定，通报表扬对从业人员培训参与度较高的×××餐饮有限公司等20家连锁餐饮企业，通报表扬××市××区××幼儿园食堂×××等30名培训表现突出的餐饮从业人员，通报表扬××市市场监管局、××监管所等13个表现突出的市场监管集体。

希望受通报表扬的集体和个人珍惜荣誉，充分发挥模范带头作用，再接再厉，再创佳绩。希望全市餐饮单位和广大从业人员以模范为榜样，依法认真落实完成每年线上食品安全培训考核任务，并能"学以致用"，切实提升餐饮从业人员规范操作能力和食品安全管理员的专业管理能力，尚德守法，共同守护全市人民群众的"餐桌舌尖上的安全"，为××创建国家食品安全示范城市作出新的更大的贡献。

特此通报。

附件：1.××市2021年食品安全培训表现突出的集体（连锁餐饮企业）

2.××市2021年食品安全培训表现突出的个人（餐饮从业人员）

3.××市2021年食品安全培训表现突出的集体（市场监管系统）

××市市场监督管理局

××××年××月××日

2.10　报告

报告是适用于向上级机关汇报工作，反映情况，答复上级机关询问的公文。报告在行文方向上属于上行文，应用范围较广泛，主要适用于汇报工作，反映意见；陈述意见，提出建议；答复上级机关的询问。

2.10.1　报告的 3 大特性

报告的特性如表2-19所示。

表 2-19 报告的特性

特性	特性描述
单向性	下级机关向上级机关用报告行文，目的在于向上级机关阐明情况，提供相关证据，让上级机关掌握工作进度，一般不需要上级机关作出批复，因此，报告属于上行文
陈述性	报告在表达方式上以叙述和说明为主，只需要作简要的描述，把基本情况讲清楚，不需要详细叙述过程和描述大量细节
广泛性	报告很少有"一文一事"的情况，大多是"一文多事"，因为下级机关的工作内容一般是复杂且多方面的，只有如实列举，才能让上级机关掌握基本情况

2.10.2 报告的 8 种类型

报告的类型如表 2-20 所示。

表 2-20 报告的类型

类型	类型描述
综合报告	全面汇报本机关工作情况，可以和工作总结、计划安排结合起来。要有分析、有新意、有重点，综合反映工作情况
专题报告	专题报告一般"一事一报"，是向上级机关反映本机关的某项工作、某个问题或某一方面的情况，要求上级机关对此有所了解的报告
定期报告	定期报告包括年度报告、中期报告、季度报告等，一般用于反映财务、营销、生产等一系列经营活动的状况
不定期报告	不定期报告是相对于定期报告而言的，是根据实际需要，临时作出的报告
工作报告	工作报告是向上级机关或在重要会议上汇报工作情况的报告。它主要用以全面总结工作，反映某一阶段、某个方面贯彻落实政策、法令、批示的情况
情况报告	情况报告适用于向上级机关反映工作中的重大情况、特殊情况和新动态等。情况报告具有临时性、突发性的特点，下级机关应及时向上级机关汇报，使上级机关及时了解情况，严禁隐情不报、迟报、瞒报
答复报告	答复报告是针对上级机关向下级机关提出的询问或要求，经过调查研究后所作的陈述情况或者回答问题的报告，此类报告内容较为单一，针对性很强，上级询问什么就答复什么，严禁答非所问
递送报告	递送报告是以报告的形式，向上级呈报其他文件、物件的说明性公文

2.10.3 报告的 5 大模块及写法

报告的结构一般由标题、主送机关、正文、结语和落款 5 个模块组成，各模块写作思路如下。

1. 标题

报告的标题一般由发文机关、事由、文种共同组成，如"××市××局关于××××年依法行政情况的报告"。少数情况下可使用由事由和文种组成的标题，如"政府工作报告"。

2. 主送机关

报告的主送机关是直接的上级机关，一般情况下主送一个上级机关，根据需要可同时抄送相关上级机关和同级机关。

3. 正文

报告正文一般包括报告缘由和报告事项。

（1）报告缘由。简明扼要地说明撰写报告的背景、目的、依据、意义等。然后用"现将有关情况报告如下"一语转入下文。

（2）报告事项。报告事项是正文部分的核心内容，也是报告的重点内容，在不同的报告种类中，正文中报告事项的内容可以有所侧重和不同，以下为四种报告类型报告事项内容的举例说明。

①工作报告。工作报告的内容一般包括以下几个方面。

一是工作基本情况与成绩。概括陈述工作情况和主要做法，并在此基础上总结成绩、经验和规律，以指导今后的工作。撰写时不可简单地堆砌事实、罗列材料，而应详略得当、突出重点，可适当展开议论以点明主题，使上级机关领会工作要领，以便指导工作。

二是存在的问题与不足。指出工作中存在的问题与不足，找出并分析工作失误的原因，提取应当吸取的教训，避免在今后的工作中再犯类似错误。

三是今后工作的打算。此处基于前述两点，可着重叙述，针对问题与不足提出解决措施和整改办法。

②情况报告。情况报告的内容主要有重要的社情、民情、灾情、案情、重大活动、重要会议、重要选举等情况。情况报告以陈述情况为主，应写明时间、地点、原因、经过、结果、已采取的措施或建议等。提出的措施或建议，必须写得具体、明确，并且要注意时效。

③答复报告。答复报告针对性较强，应严格按照上级机关的询问和要求回答问题，应明确具体，不能含糊其词或泛泛而谈。同时要注意表述的准确性。

④递送报告。递送报告只需要写清报送材料（文件、物品）的名称和数量即可。

4. 结语

工作报告和情况报告的结语常用"特此报告"，答复报告多用"专此报告"，递送报告则用"请审阅""请收阅"等。

5. 落款

在正文之后右下方署上发文机关的名称和成文时间，成文时间应使用阿拉伯数字，并确保年、月、日齐全。

2.10.4　报告写作的 4 大注意事项

1. 注意材料的真实性

报告中的信息、数据必须真实可靠，要来源于可靠的原始材料，不能凭借自己的主观意愿修改所需要的材料或者素材。报告不实可能导致上级机关决策失误，造成重人问题。

2. 合理运用图表

对于数据，如果完全用文字描述，不仅比较烦琐，而且可能会存在表达不清的问题，所以一定要适当地运用图表。用图表对数据进行加工和整理，可以更加直观地反映出它们的规律和特征。

3. 报告篇幅要适中

一般情况下，报告篇幅不宜过长，字数以 2000 字到 3000 字为佳。报告切忌写大话、空话，常识性的概念可以略过不谈。

4. 突出重点

报告切忌简单地堆砌具体事例，要做到重点突出、主次分明、详略得当，在叙述的过程中，以适当的议论点明主题。需要特别注意的是，报告中不能夹带请示事项。

2.10.5　写作示范

报告的写作示范如下，供参考。

《××市商事登记撤销规定》听证报告

为了保障公众的知情权、表达权、参与权和监督权，广泛听取社会各界的意见和建议，进一步提高重大行政决策事项以及规范性文件制定的科学性、合理性、民主性、可执行性，××市市场和质量监管委于××××年××月××日下午在委机关 5 楼会议室召开《××市商事登记撤销规定》（以下简称《规定》）听证会。现将听证会有关情况报告如下：

一、模式创新广纳民意

本次听证会参加人员具有广泛性，来自市民、企业、律师等10余名听证代表参加了本次听证会。委属相关单位，即企管处、注册局、各辖区局派出了相关工作人员参加了听证会的旁听……

二、议题丰富讨论热烈

听证会上，各位听证代表围绕该规定的相关重要制度以及大家较为关心的问题畅所欲言，各抒己见，并提供了不少有价值的专业性意见，听证会现场气氛活跃。参会代表对听证会议题展开了精彩的讨论和发言……

三、《规定》修改完善情况

考虑到商事登记撤销规定的制度设计专业性强、涉及面广、争议性大，同时考虑到实用性、可行性、操作性，我们对《规定》做了有针对性地修改完善，其中需要说明的内容如下：

（一）制定《规定》的必要性

商事登记制度，是社会主义市场经济的重要一环。撤销商事登记事项，既是健全商事登记制度的需要，也是现实的客观需要……

（二）制定《规定》的依据

撤销商事登记的法律依据包括：《中华人民共和国行政许可法》第六十九条、《中华人民共和国公司法》第一百九十八条、国家工商行政管理总局制定的部门规章《企业登记程序规定》……

（三）关于商事登记撤销的性质

撤销商事登记，包括撤销设立登记、变更、注销登记和备案事项。因《中华人民共和国公司法》和《中华人民共和国行政许可法》对撤销都有规定，以往对撤销登记的性质一直存在争议……

（四）关于简易撤销程序

分为简易程序与一般程序……

（五）关于明确几类典型的隐瞒重要事实取得商事登记的情形

在实际办案中，对于提交仿冒签字或加盖伪造印章的虚假材料取得商事登记的判定相对容易，而对于采取其他欺诈手段隐瞒重要事实取得商事登记情形的判定存在模糊。为此……

（六）关于不予撤销与恢复情形

由于本规定在制度建设方面并无经验可资借鉴，且现实中的问题层出不穷，难于预判。因此……

　　附件：《××市商事登记撤销规定（征求意见稿）》听证会主要意见及
采纳情况表

××市市场和质量监督管理委员会

××××年××月××日

2.11　请示

　　请示是向上级机关请求指示批准时使用的公文。凡是本机关无权、无力决定和解决的事项都可以向上级请示，而上级则应及时回复。请示属于上行文，是写作实践中的一种常用公文文种。

2.11.1　请示的 4 大特性

　　请示的特性如表 2-21 所示。

表 2-21　请示的特性

特性	特性描述
期复性	请示的行文目的就是希望得到上级机关的指导、指示、帮助等
超前性	为确保工作顺利、有序地开展，向上级机关请示时必须事前行文，不得擅自做主、"先斩后奏"
单一性	为讲求实效，避免贻误工作时机，请示应遵循"一事一请"的原则。如果确有若干事项需请示，应撰写若干份请示，上级机关则需要分别对不同的请示作出不同的批复。请示不能向上发送给多个单位，只能单一主送
程序性	请示应当根据行政隶属关系逐级向上呈送，除了特殊情况，一般不应越级请示

2.11.2　请示的 2 种类型

　　请示的类型如表 2-22 所示。

表 2-22　请示的类型

类型	类型描述
请求指示的请示	下级机关对上级机关的路线、方针、政策不甚了解，需要上级机关明确指示时，可以呈送请示；工作中遇见了难以处理的重大问题或特殊情况，希望上级机关给予指示时，可以呈送请示。如《××市劳动和社会保障局关于劳动合同制职工工龄计算问题的请示》

续表

类型	类型描述
请求批准的请示	这类请示主要涉及下级机关在职权范围内决定不了、有待上级批准的问题，通常包括建立机构、增加编制、人事安排、资产购置、财款动用等问题，上级机关不批准就不能办理。如《×××所关于购置办公设备的请示》

2.11.3 请示的 4 大模块及写法

请示的结构一般由标题、主送机关、正文和落款 4 个模块组成，各模块写作思路如下。

1. 标题

请示的标题通常由发文机关、事由和文种组成，标题中的发文机关根据需要可以省略，但事由和文种不可省略。请示的标题不得出现"申请""请求""要求"之类的词语。

2. 主送机关

请示的主送机关即为请示事项的上级主管机关。如需同时发送其他机关，应用抄送形式。即使受双重领导的机关，也应根据请示的内容写明主送机关和抄送机关。

3. 正文

正文由请示缘由、请示事项和结语组成。

（1）请示缘由。请示的缘由是提出请示事项的理由及依据。要简明扼要地写明缘由，然后再提出请示的事项，这样才能使上级机关了解所请示批准办理的事项的必要性和可行性。

（2）请示事项。请示事项是请示的核心内容。请示事项要符合有关法规、方针、政策，要有依据、切实可行，不可盲目请示。对于请求上级机关给予指示的请示，要写明需要在哪些问题、方面得到指示；对于请求批准的请示，要有理有据、条理清楚、重点突出。

（3）结语。一般在请示事项之后，另起一段，并以征询、期盼的口吻请求上级答复。常用的结语有"以上请示妥否，请批示""以上请示如无不妥，请批准""是否妥当，请批示""妥否，请批示""特此请示，请予批复"等。

4. 落款

在正文之后的右下方署上发文机关的名称和成文时间。

2.11.4 请示写作的 5 大注意事项

1. 一文一事

《党政机关公文处理条例》规定，请示应当"一文一事"。如果一文多事，可能导致收文机关无法批复或者漏批。请示写作时要防止大事小事都向上级机关请示，一般是对上级制定的方针、政策不甚了解，或工作中遇到不能解决的问题时才向上级机关请示。

2. 注意抄送规则

请示不抄送下级机关。请示是上行公文，行文时不得同时抄送下级，以免造成工作混乱，更不能要求下级机关执行上级机关未批准和批复的事项。

3. 注意语气

请示是上行文，语气要诚恳谦恭，切忌带有强烈的主观色彩，如"我觉得""我们认为""一定要""我们决定"等，避免让上级机关觉得下级机关在对其施压。如果语气不当，可能引起上级机关的反感，会使请示的批准被耽搁，或不予批复而转回。

4. 应当事前请示

请示应当在拟办事项前行文，绝不能自作主张。重大事项必须事前请示，给上级机关充足的研判和决策时间。如果遇情况紧急来不及请示却必须马上处置的，应当按照规定履职尽责，并及时进行后续请示、上报。

5. 注意请示与报告的区别

切忌用报告代请示行文、在报告中夹带请示事项，或在标题中将文种写成"请示报告"。请示与报告的区别如下。

（1）行文目的不同。请示的行文目的主要是得到上级机关的指导、批准；报告的行文目的主要是汇报工作、反映情况或答复上级机关的有关询问。

（2）行文内容不同。请示在行文中强调内容单一；报告中所涉及的工作、事务可以是单一的，也可以是综合的、多方面的。

（3）行文的时间要求不同。请示行文的时间务必在事前；报告的行文时间一般是在事后或阶段性工作结束后。

（4）性质不同。请示是呈请性公文；报告是呈报性公文。

（5）收文单位的处理方式不同。对于下级机关的请示，上级机关必须给予批复；而对于下级机关呈送的报告，上级机关则可以给予批复，也可以批阅即可。

2.11.5 写作示范

请示的写作示范如下，供参考。

×××县×××局关于解决办公物品经费缺口的请示

×××县政府：

　　为适应现代化办公的需要，改善办公条件，提高工作效率，经县政府批准，我局办公地点已由×××路 19 号迁至×××路 21 号，因新换办公地址，需购置空调、办公桌椅、文件橱等办公物品，办公用品所需经费约 6 万元，特恳请县政府领导予以解决。

　　以上请示当否，请批示。

　　附件：办公用品清单。

×××县×××局

××××年××月××日

2.12　批复

　　批复是上级机关或单位答复下级机关或单位的请示事项时使用的文种。它是机关应用写作的一种常用公文。

2.12.1　批复的 3 大特性

　　批复的特性如表 2-23 所示。

表 2-23　批复的特性

特性	特性描述
权威性	批复表示的是上级机关的结论性意见，带有很强的权威性，批复一经下发，下级机关必须执行上级机关的指示，不得违背
被动性	批复的写作以下级机关的请示为前提，它是专门用于答复下级机关请示事项的公文，批复是在下级机关请示之后的，没有请示，就没有批复
针对性	批复要针对下级机关请示的事项明确表示是否同意或者是否可行，批复事项有针对性，不能答非所问

2.12.2　批复的 2 种类型

根据性质和内容的不同，批复可分为指示性批复和批准性批复。具体如表 2-24 所示。

表 2-24　批复的类型

类型	类型描述
指示性批复	是上级机关针对下级机关提出的难以解决的疑难问题，或对现行政策、法律法规不理解的问题，而作出的具体解释或答复。同时，上级机关还可就请示事项的落实、执行或该事项的重要性、意义及落实措施提出若干指示性意见
批准性批复	又称为表态性批复，用丁答复请求批准的请示，主要对下级机关请求批准的事项进行审批，通常是关于机构设置、人事安排、项目设立、资金划拨等事项的审批，带有表态性，是对请示事项表示同意或不同意的批复

2.12.3　批复的 4 大模块及写法

批复的结构一般由标题、主送机关、正文和落款 4 个模块组成，各模块写作思路如下。

1. 标题

批复的标题一般有 3 种写法。

（1）由发文机关、事由和文种构成，如"国务院关于推动 ×× 高质量发展规划的批复"。

（2）由发文机关、表态词语、请示事项和文种构成，如"国务院关于同意 ×× 高新技术产业开发区升级为国家高新技术产业开发区的批复"。需要注意的是，若是否定下级请示内容的批复，则标题不宜采用"不同意""否定""不通过"之类的否定性文字。

（3）由发文机关、事由、收文机关和文种构成，如"国务院关于同意 ×× 市城镇住房制度改革试行方案给 ×× 省人民政府的批复"。

2. 主送机关

批复的主送机关一般只有一个，是报送请示的下级机关。

3. 正文

批复的正文包括批复引语、批复事项和批复结语。

（1）批复引语。批复引语即正文起首语，要点出批复对象。写法较为固定，一般称收到某文或某文收悉，如"你们《关于 ×× 市创建国家可持续发展议程创新示范区的请示》（× 政发〔××××〕×× 号）收悉。"

（2）批复事项。针对不同类型的请示，应采取不同的批复。指示性批复应针对请示的事项给予明确的答复，下级机关请示什么，上级机关就答复什么，答复要具体、准确。批准性批复需要首先对来文表明态度，一般有三种态度，即同意、基本同意（原则同意）、不同意。

这三种态度的写作方法如下。

　　①同意。表明同意的态度后，可以作出指示、提出要求，也可以不作任何指示、不作任何要求。

　　②基本同意（原则同意）。表明基本同意（原则同意）后，应针对请示的某些条文写明修正意见和补充处理的办法。

　　③不同意。表明不同意的态度后。必须说明理由，以纠正下级机关的错误请示。

　　（3）批复结语。用惯用语"特此批复""此复"，单独成段。如果开头已用"现批复如下"此类承上启下用语，可以省略结语，批复事项完则公文正文结束。部分批复不用结语而是简要提出执行要求。

4. 落款

在正文之后右下方署上发文机关的名称和成文时间。

2.12.4　批复写作的 3 大注意事项

1. 行文要有针对性

下级机关请示什么事项，上级机关就应该批复什么事项，不要无中生有地去批复没有请示的事项，或是批复下级机关上次请示的事项。请示是批复的前提，请示应"一文一事"，批复也应"一文一批"，这样才能体现请示与批复互相对应的针对性。

2. 态度要明确

对于下级机关的请示，无论是指示性批复，还是批准性批复，上级机关的态度都要明确，直截了当，该同意就同意、该不同意就不同意，不模棱两可，以免下级错误理解。

3. 批复要及时

请示是事前行为，批复是基于下级机关的请示而行文的，一般情况下，下级机关向上级机关行文请示的，需要及时得到上级机关的指示，所以上级机关应当及时批复，避免贻误下级机关的工作，造成损失。

2.12.5　写作示范

批复的写作示范如下，供参考。

**×××县人民政府关于对《×××县农村供水保障规划》
的批复**

×政函〔××××〕××号

县水务局：

你局《关于报批〈×××县农村供水保障规划〉的请示》（×水字〔×
×××〕××号）已收悉。经研究，现批复如下：

原则同意《×××县农村供水保障规划》。该规划贯彻落实"节水优先、
空间均衡、系统治理、两手发力"新时期治水思路，按照乡村振兴梯次推进
的总体部署，以问题为导向，优化农村供水格局，完善农村供水工程体系。
按照农村供水规模化、规范化、信息化发展思路，以城乡供水一体化、区域
供水规模化和小型工程标准化为工程建设重点，以制度化、专业化、信息化
为工程管理提升目标，建设内容和重点工程建设符合我县实际，具有较强的
针对性和可操作性。请你单位认真组织做好各项工作，确保规划的全面顺利
实施，进一步提高全县农村供水保障水平。

特此批复

×× 县人民政府

××××年××月××日

2.13 议案

《党政机关公文处理工作条例》规定，议案"适用于各级人民政府按照法律程序向
同级人民代表大会或者人民代表大会常务委员会提请审议事项"。议案是向国家立法机
关或权力机关的议事原案。经审查通过的议案，具有极强的法律效力。

2.13.1 议案的 4 大特性

议案的特性如表 2-25 所示。

表 2-25　议案的特性

特性	特性描述
法定性	议案的制发机关只能是各级人民政府，政府的职能部门没有制发议案的权利
定向性	议案的主送机关只能是同级人民代表大会及其常务或委员会，并且只能由各级人民政府按照法定程序向同级人民代表大会或其常务委员会行文，不能向其他部门或单位行文
特定性	只有重要事项才适合提请审议，且事项必须是属于本级人民代表大会及其常务委员会职权范围内的事，并且符合人民群众的意愿和要求议案必须提出切实可行的方案解决办法，才有可能获得通过
时效性	议案提交有严格的时间期限规定，只有在同级人民代表大会或其常务委员会举行会议规定的限期前提出才能被列为议案，逾期提交的议案，审查委员会不再接受，一般改作"建议"处理，或者移交下次会议处理

2.13.2　议案的 3 种类型

议案的类型如表 2-26 所示。

表 2-26　议案的类型

类型	类型描述
重大事项议案	关于政治、城乡发展规划、经济、教育、科技、文化、卫生等领域中的重大事项的决策，需要提请人民代表大会审议批准时适用的议案
立法性议案	立法性议案主要在两种情形下适用：一是政府提请审议某项法律或法规时；二是在建议、请求制定某项法规时
任免性议案	是政府向同级人民代表大会提请任命、免去或撤销行政机关工作人员职务，请求人民代表大会审议的议案。国家驻外机构的主要负责人的工作以及职务安排的任免事项，也适用此类议案

2.13.3　议案的 3 大模块及写法

议案的结构一般由标题、正文和落款 3 个模块组成，各模块写作思路如下。

1. 标题

标题由机关名称、审议事项和文种组成，一般需要在议案部分加上"提请审议……""提请审议批准……"，以使公文更加明确，如"国务院关于提请审议《中华人民共和国劳动法（草案）》的议案"。

2. 正文

议案的正文包括案据、审议事项和结语。

（1）案据。提请审议议案的案据应当理由充分，有说服力，且必须有法可依。案据一般包括背景、目的、原因、依据和意义等。案据的写法可详可略，重大事项的案据应写得尽可能详细。

（2）审议事项。审议事项是审议的内容或建议，审议事项中应当包含方案，方案即解决问题的措施、途径。不同类型议案的审议事项有不同的写法。

①重大事项议案。提请审议的重大事项议案，必须写明决策内容，以供人民代表大会审阅。

②立法性议案。提请审议通过某法律或请求制定某法律时，应重点说明该法律的重要性。

③任免性议案。任免性质的议案，必须写明任免人员的名字和拟任职务。

无论是哪一类议案，都必须清楚写明提请审议的事项及落实、完成该事项的措施和办法等，不能只有提请审议的问题，而没有切实可行的解决途径。

（3）结语。议案结语一般为"现提请大会审议同意"或"现提请审议"或"请予以审议决定"等。

3. 落款

议案的落款较为特殊，议案落款应由行政机关负责人签署，而不是加盖机关公章。如国务院提交的议案须由国务院总理署名。还需标明发文日期，即提交议案的日期。

2.13.4　议案写作的 3 大注意事项

1. 议案的提请应当"一案一事"

议案的制发机关是各级人民政府，所涉及的事项一般很重要，因此，议案的写法应当严格按照该文种格式规定的要求，且必须遵循"一案一事"的原则，不能出现两个及两个以上不同内容的议案。

如果议案的内容繁多而杂乱，会给人民代表大会或其常务委员会的审议、决定和批准工作造成困扰，最后可能导致议案无法通过。

2. 内容的必要性和可行性

（1）必要性是指在本级人民代表大会及其常务委员会的职权范围内，重要重大的，关于政治、城乡发展规划、经济、教育、科技、文化、卫生等领域的法律、事项或问题，才有必要提请审议。

（2）可行性是指议案提出之前要进行充分的调查、走访等，听取多方意见，反复论证，研究相关法律，在议案中形成可行性方案，确保议案所提事项能够反映出人民群众的意愿，以促进议案的通过。

3. 注意议案与提案的差异

议案的写作过程中，应注意避免将议案与提案混淆，写作人员应从含义、适用范围、法律效力等方面区分二者。

（1）议案是由各级人民政府依据法定程序提请同级人民代表大会或者人大常委会进行审议并作出决定的议事议案，而提案是参加政协的单位或者委员个人向全体会议或常务委员会提出的就有关国家或地方大政方针、社会生活等重大问题，经提案委员会审查立案，交有关单位办理的书面意见和建议。

（2）议案适用于各级人民代表大会或其常务委员会，而提案则适用于各级政协会议和企业职工代表大会。

（3）议案提请审议经大会审查通过后，具有较强的法律约束力和法律效力，提案的约束力和法律效力相对议案而言较弱一些。

2.13.5　写作示范

议案的写作示范如下，供参考。

市人民政府关于提请审议《××市中心城区山体保护规划（2018—2030 年）》修编方案的议案

×政函〔××××〕×号

市人大常委会：

根据《××市中心城区山体保护条例》规定，《××市中心城区山体保护规划（2018—2030 年）》修编方案——《××市中心城区山体保护规划（2021—2035 年）》已于××××年××月××日经市自然资源和规划委员会第 15 次全体会议审议通过，现提请审议。

附件：1.《××市中心城区山体保护规划（2018—2030 年）》修编情况

2. 关于《××市中心城区山体保护规划（2018—2030 年）》修编情况的说明

××××年×月××日
××市人民政府

2.14　函

函是用于不相隶属机关之间商洽工作、询问和答复问题、请求批准和答复审批事项的知照性公文。其中，"不相隶属机关"指的是行政管理不具有上下级关系，即不是主管与被主管关系的机关。

2.14.1 函的 3 大特性

函的特性如表 2-27 所示。

表 2-27 函的特性

特性	特性描述
广泛性	函适用于商洽、介绍、询问、答复、催办等各方面，函的使用权限不受机关单位等级的限制
灵活性	函的写作具有一定的灵活机动性。写作手法上，可严肃、可灵活、可常规性表述，也可礼仪性表现。发文机关不受级别高低、单位大小的限制，各类机关都可发函
谦恭性	函是平行文，其语言谦恭有礼，其内容既不以势压人也不逢迎恭维，既不强人所难也不曲意客套

2.14.2 函的主要类型

函的类型如表 2-28 所示。

表 2-28 函的类型

分类依据	类型名称	类型描述
适用范围	公函	公函用于机关单位正式的公务活动往来
	便函	便函用于日常事务性工作的处理。便函不属于正式公文，没有公文格式要求，甚至可以没有标题，不用发文字号，只需要在文末署上机关单位名称、成文日期并加盖公章即可
行文方向	去函	去函即主动提出公事事项所发出的函
	复函	复函即为了回复对方所发出的函
功能性质	函按功能性质的不同可以分为商洽函、告知函、催办函、请示函、答复函、邀请函、转办函、报送材料函等	

2.14.3 函的 4 大模块及写法

函的结构由标题、主送机关、正文和落款 4 个模块组成，各模块写作思路如下。

1. 标题

标题一般由发文机关、事由、文种组成，有时可省略发文机关。如果是去函，标题中文种部分只写"函"，如果是复函，则需写明是针对什么的"复函"，如"××市×××局关于×××有关问题的复函"。

2. 主送机关

公函必须标明主送机关。函的主送机关应写全称或规范化简称，去函的主送机关可以是一个，也可能是多个。复函的主送机关是来函的单位，只有一个。

3. 正文

正文一般由发函缘由、主要事项、结语等部分组成，各部分的写作思路如下。

（1）发函缘由。一般要求阐述发函的目的、依据、原因等内容。请批函开头部分应概括请求批准的原因，商洽函开头部分应概括提出商洽问题的原因。然后用"现将有关问题说明如下"或"现将有关事项函复如下"等过渡语转入下文。

复函的缘由部分，一般先引述来文的标题、发文字号，然后交代根据，以说明发文的缘由。例如"你单位××××年××月××日来文收悉"或"你单位《关于×××的函》（××〔××××〕×号）已收悉"。

（2）主要事项。主要事项是函的核心内容部分。这部分的内容较单一，一函一事，行文要开门见山，直陈其事，语言要简洁得体，不可拐弯抹角。如果是复函，还要注意答复事项的针对性和明确性。

（3）结语。去函的结语一般要用礼貌性的语言请对方协助解决某一问题，或请对方及时复函，或请对方提出意见，或请主管部门批准等。通常应根据函告、函询、函商或函复的事项，选择不同的结束语。如"专此函达、请予函复""特此函询（商）""可否，请速函复""请即复函"等。便函可不写结束语。

4. 落款

在正文之后右下方署上发文机关的名称和成文时间。

2.14.4　函写作的 4 大注意事项

1."一函一事"

函的写作应当做到行文简洁明确、内容单一，做到"一函一事"、中心明确，不管是去函还是复函，都不要把性质不相关的几件事放在一份函中叙述。

2. 语气平和

函作为平行文，行文要注意语气平和有礼，注意语言的艺术，不要强人所难，也不必刻意逢迎恭维、假意客套。

3. 迅速复函

复函时要注意行文的时效性，答复的明确性。应该迅速、及时处理函件，以保证公务等活动的正常进行。

4. 注意函与请示、批复的区别

函与请示、批复的区别如表 2-29 所示。

表 2-29　函与请示、批复的区别

项目	区别
函与请示的区别	请示是上行文，函是平行文。向有隶属关系的上级机关请求指示、批准事项用请示，向没有隶属关系的机关请求批准有关事项，则用请批函
函与批复的区别	批复是对有隶属关系或领导关系的下级单位的请示件的答复，复函是对无直接隶属关系的单位与个人关于某一件事或问题的答复。需要注意的是，办公室或业务主管部门经授权，行文答复下级机关的请示，应使用复函

2.14.5　写作示范

函的写作示范如下，供参考。

国务院办公厅关于同意 ×× 承办 ×××× 年第 ×× 届全国运动会的函

国办函〔××××〕×× 号

体育总局、财政部、×× 省人民政府：

你们《关于 ×× 承办第 ×× 届全国运动会的请示》（体竞字〔××××〕××× 号）收悉。经国务院领导同志批准，现函复如下：

一、同意 ×× 承办 ×××× 年第 ×× 届全国运动会。

二、筹备和举办第 ×× 届全国运动会的经费主要由 ×× 省人民政府自筹，中央财政给予一次性定额补助。

三、体育总局、×× 省人民政府要严格按照党中央、国务院有关规定，结合当地经济社会发展实际，坚持"简约、安全、精彩"的办赛要求，充分利用现有场馆设施，严格预算管理，节约办赛成本，严格控制规模和规格，共同组织好第 ×× 届全国运动会。

国务院办公厅

×××× 年 ×× 月 ×× 日

2.15 纪要

《党政机关公文处理工作条例》规定，纪要"适用于记载会议主要情况和议定事项"。纪要又称会议纪要，是在归纳、整理会议记录及其他相关会议材料的基础上，按照会议的宗旨和要求，针对会议研究讨论的工作事项和问题进行综合整理而形成的公文。

2.15.1 纪要的 3 大特性

纪要的特性如表 2-30 所示。

表 2-30 纪要的特性

特性	特性描述
指导性	纪要内容包含了与会人员针对某些重大事项所作出的政策规定和提出的原则意见，它要求与会单位和相关部门以此为依据开展工作，落实会议的议定事项，因而具备一定的指导性
纪实性	会议纪要的内容必须是会议宗旨、基本精神和所议定事项的概要纪实，不能随意增减和更改内容，只有真实的材料才可以写进会议纪要里。如果材料失真，将会给贯彻执行会议精神造成困难，并影响纪要的效力。纪要的纪实性特点使得它具有凭证作用和资料文献价值
概括性	会议纪要既要综合反映与会者的一致意见，又要兼顾个别同志有价值的看法，是按照一定的逻辑顺序编排要点，用精练的语言总结会议基本精神和主要成果的公文

2.15.2 纪要的 6 种类型

纪要的类型如表 2-31 所示。

表 2-31 纪要的类型

类型	类型描述
办公会议纪要	对本单位或本系统有关工作问题的研究、讨论、商定、决议的文字记录
工作会议纪要	侧重于记录贯彻有关工作方针、政策，及其相应要解决的问题
代表会议纪要	侧重于记录会议议程和通过的决议，以及对今后工作的建议
汇报会议纪要	侧重于记录汇报前一段工作的情况，以及讨论的如何开展下一步工作，经常是为召开工作会议进行的准备会议
座谈会议纪要	内容比较单一、集中，侧重于记录工作的、思想的、理论的、学习的某一个问题或某一方面问题，座谈会议纪要将讨论的问题概括和整理成书面材料，具有较强的辩论性和说服性，在一定的领域内具有权威性和影响力
联席会议纪要	指不同单位、组织、团体为了解决与彼此有关的问题而联合举行会议，并在此种会议上形成的纪要

2.15.3　纪要的 3 大模块及写法

会议纪要的结构一般由标题、文号和正文 3 个模块组成,会议纪要各模块的写作思路如下。

1. 标题

标题有两种格式,第一种是会议名称加纪要,即在会议名称后加上"纪要"两个字,如"全国牧区工作会议纪要";第二种是在标题里揭示出会议的主要内容,如"关于内地与香港特别行政区法院相互认可和协助破产程序的会谈纪要"。

2. 文号

文号写在标题的正下方,由年份、序号组成,用阿拉伯数字标出年份,并用"〔〕"括入,如:〔2021〕23 号。办公会议纪要对文号一般不作要求,但是在办公例会中一般要有文号,如"第××期""第××次"。

3. 正文

会议纪要的正文包括会议概况、会议事项和结尾。

(1)会议概况。主要包括会议召开的根据、目的、会议时间、地点、名称、主持人、与会人员、基本议程等。这部分表达完毕后,可用"会议纪要如下"或"会议确定了如下事项"为过渡,转到下一部分。

(2)会议事项。会议事项是纪要的核心部分。常务会、办公会、日常工作例会的纪要,一般包括会议内容和议定事项,少数情况下可概述议定事项的意义。工作会议、专业会议和座谈会的纪要,往往还要写出经验、做法,以及今后工作的意见、措施和要求。

(3)结尾。结尾一般有三种写法。

第一种是根据会议的内容,提出希望、要求和号召,要求有关单位认真贯彻会议精神,落实上级提出的要求。

第二种是对会议作出评价,或交代会议的有关事项,或对会议的召开作出贡献的单位和个人表示感谢。

第三种是不另写结尾,正文的主体部分结束就是全文的结尾。

2.15.4　纪要写作的 5 大注意事项

1. 明确宗旨,合理取舍材料

会议讨论的事项可能会很多,因此必须明确宗旨,准确反映会议的精神实质,根据会议精神和领导指示,对材料正确取舍,合理删减,不能笼统记录。

2. 忠于会议实际内容

纪要必须忠于会议的实际内容，不能随意增减或更改内容，不能借题发挥、添枝加叶。

3. 意见要统一

会议倡导积极发言，必然会形成不同的意见，不能把所有意见都纳入会议纪要之中，而是要根据会议的中心思想和精神，认真分析各种意见，提炼出集中反映符合会议中心要求的多数人的一致意见。同时也要合理吸收少数人的正确意见。对于有分歧的意见，除学术性会议纪要外，一般不写入工作会议性质的会议纪要中。

4. 注意与会议记录的区别

纪要要对会议意见进行整合、分析和整理加工，对会议讨论的意见尽力给予理论上的概括，提纲挈领。会议记录一般只需要把每个人的发言尽量客观详细地记录下来。

5. 注意不同情形的语言

上报的会议纪要应使用对上的语气，如"会议讨论了以下几个问题""会议考虑"等语言文字；下发的会议纪要则用"会议决定""会议强调""会议号召"等语言文字。

2.15.5　写作示范

以下是纪要的写作示范，供参考。

×××关于群众反映的需要解决的几个问题的会议纪要

（第××次会议）

会议时间：××××年××月××日 14：30—16:30

会议地点：第××会议室

主持人：×××

参会人员：×××、×××、×××、×××、×××、×××、×××、×××、×××

记录人：×××

会议议题：群众反映的需要解决的几个问题

会议内容：

××××年××月××日，局党委××××工作小组在×××召开了关于××××的会议，研究了目前群众反映较多的几个问题，会议形成如下意见。

```
        一、关于群众反映的五个问题
        1.……
        2.……
        3.……
        4.……
        5.……
        二、关于五个问题的分析
        1.……
        2.……
        3.……
        4.……
        5.……
        三、关于五个问题的解决措施和工作安排
        1.……
        2.……
        3.……
        4.……
        5.……
```

2.16　公务类公文常见场景与点睛金句

公务类公文的写作，除了要遵循格式规范方面的具体而严格的要求，更高层次的要求则是要展现出公文之美！公文之美的核心体现的是简洁明了、条理清晰、语言得体、行文流畅。这种美不仅体现在文章的外在形式上，更体现在文章的思想内容和表达方式上。

要展现公文之美，首先应该注意以下五点：

（1）简明扼要：公文要言简意赅，避免冗长废话，尽可能用简单明了的语言表述。

（2）逻辑严密：公文要有明确的结构和条理，每个段落都应该有一个明确的主题，内容之间要有逻辑衔接。

（3）语言得体：公文要使用得体的语言，尽量避免使用口语化、俚语化的表达方式，同时也要避免使用生僻词汇和过度修辞的语言。

（4）行文流畅：公文要遵循"层进式"或"倒金字塔式"的写作方式，即从总体到细节，由重要到次要，以使文章流畅自然。

（5）格式规范：公文的格式要符合规范，标题、正文、落款等部分的格式，都要遵循相关的规定和标准。

综上，公文写作者要展现公文之美，既要注重公文的外在表现，又要注重公文的思想内容和表达方式。

在公文写作中，恰当运用金句（包括古典诗词、经典佳句、名人名言、格言警句等），可以使之成为一篇公文的"画龙点睛"之处，为文章增色添彩。

以下是几种恰当运用金句，为公文写作"画龙点睛"的方法：

（1）引出主题：可以在文章开头使用一句名言或警句，引出文章的主题。例如，"天下兴亡，匹夫有责"，这句话可以引出一个关于责任担当的议题。

（2）表达情感：可以在文章的关键处使用一句格言或警句，表达公文写作者的情感，使文章更具有感染力。例如，"鸟欲高飞先振翅，人求上进先读书"，这句话可以表达公文写作者对学习的重视和对进步的追求。

（3）亮明观点：可以在文章的结尾处使用一句名言或警句，来亮明公文写作者的观点和态度。例如，"不积跬步，无以至千里"，这句话可以亮明作者的观点，即只有脚踏实地，一步一个脚印，才能取得成功。

（4）提升公文档次：可以在文章中适当地引用一些古诗词或名言，提高文章的档次和文化内涵。例如，"人生自古谁无死，留取丹心照汗青"，这句话可以提高文章的文化内涵和艺术感染力。

当然，一定要注意合理、恰当、适度地选用金句，用得恰到好处，使其成为公文的"加分项"；而不能过多、过滥地使用或与公文内容相脱离，否则将适得其反。

2.16.1　重大决策类

1. "不忘初心、牢记使命"

用法提示：这句话意味着在做任何事情时，都应该牢记自己的初心和使命，坚持始终如一，不能轻易改变。

金句举例：唯有"不忘初心、牢记使命"，方可告慰历史、告慰先辈，方可赢得民心、赢得时代，方可善作善成、一往无前。

2. "政声人去后，民意闲谈中"

用法提示：这句话意味着要想知道一个人的真正政绩，要等到他不在位或去世以后若干年，在老百姓的闲谈中才能给出公正评价。

金句举例1："政声人去后，民意闲谈中"，为"官"一任，就要尽到造福一方百姓的责任，要时时刻刻为百姓谋福利，不能为自己个人谋福利。我们要坚持对上负责与对下负责的统一，忠诚于党和人民的事业，恪尽职守，尽心竭力，讲奉献，有作为。既要多办一些近期能见效的大事、好事，又要着眼长远、着眼根本，多做一些打基础、做铺垫的事，前人栽树、后人乘凉的事，创造实实在在的业绩，赢得广大人民群众的信任和拥护。

金句举例 2："政声人去后，民意闲谈中"，在党的历史上，涌现出了一批批优秀共产党员，他们用实际行动践行着为民造福的政绩观。县委书记的榜样焦裕禄"心中装着全体人民，唯独没有他自己"，"草帽书记"杨善洲"只要生命不结束，服务人民不停止"，战斗英雄张富清深藏功与名扎根基层、默默奉献……他们用实际行动践行着共产党人的初心与使命，以忘我的付出把实实在在的政绩印刻在人民群众的心坎上。

3. "患生于所忽，祸发于细微"

用法提示：这句话的意思是忧患产生于被疏忽的地方，灾祸发生在小事情上。这意味着在作重大决策时，应该注重细节，防微杜渐，防范风险。

金句举例："患生于所忽，祸发于细微"，比无畏更可怕的是心存侥幸，连日来，一起又一起交通、火灾等事故，令人警醒。每一起严重事故，背后必定掩藏着成百上千个隐患。

4. "治国有常，利民为本"

用法提示：这句话的意思是治理国家的根本途径是利民。这意味着在作出决策时，应该植根于服务人民群众，为人民群众谋福祉、谋利益。

金句举例：江山就是人民，人民就是江山。中国共产党领导人民打江山、守江山，守的是人民的心。"治国有常，利民为本"，为民造福是立党为公、执政为民的本质要求。必须坚持在发展中保障和改善民生，鼓励共同奋斗创造美好生活，不断实现人民对美好生活的向往。

5. "天下兴亡，匹夫有责"

用法提示：这句话可以用于号召干部群众提高自身的担当精神和责任感，要为国家和民族的发展贡献自己的力量。

金句举例："天下兴亡，匹夫有责"，在推进国家安全工作方面，不论职位高低，我们每一个人都应该贡献自己的力量。要以实际行动来守护国家安全，为国家的长治久安作出贡献。

6. "先天下之忧而忧，后天下之乐而乐。"——范仲淹

用法提示：这句话可以用于表达在为人民谋利益和幸福时，要先关注人民的疾苦和困难，然后分享人民的幸福和快乐。

金句举例：正如范仲淹所说："先天下之忧而忧，后天下之乐而乐。"我们要先关注人民的疾苦和困难，为人民谋利益、谋福祉，之后才能得到人民的信任和支持，分享人民的幸福和快乐。

7."勇于担当，敢于负责"

用法提示：这句话可以用于表达决策者在面对困难和挑战时，要有担当精神和责任意识。

金句举例：面对当前的形势和任务，我们每个人都要以实际行动诠释"勇于担当、敢于负责"的内涵，只有勇于担当，才能迎难而上、勇攀高峰；只有敢于负责，才能真正落实决策部署、推动工作落地，为实现党和人民的理想作出积极贡献。

2.16.2 通知通报类

1."法律面前人人平等，纪律约束没有例外，制度面前没有特权"

用法提示：这句话可以用于强调各级干部都不能搞特殊化，不能以权谋私、徇私枉法，都要自重、自省、自警、自励。

金句举例：全体中共党员都要牢固树立法律面前人人平等、制度面前没有特权、制度约束没有例外的观念，认真学习制度，严格执行制度，自觉维护制度。各级干部都要自重、自省、自警、自励，讲党性、重品行、作表率，做到立身不忘做人之本、为政不移公仆之心、用权不谋一己之私，永葆共产党人的政治本色。

2."'打虎'全覆盖、'拍蝇'无死角、'猎狐'不手软"

用法提示：这句话可以用于强调党要管党、从严治党的重要性，"反腐倡廉"要在加强党风廉政建设方面下功夫。

金句举例：党的十八大以来，我们清楚地看到党中央反腐倡廉的决心，"打虎"全覆盖、"拍蝇"无死角、"猎狐"不手软。对党员干部来说，八小时以内看"政绩"，八小时以外看"足迹"。我们要时刻警醒：业余时间有"形象"，休闲之中有"政治"，交往之中有"纪律"。

3."问题不解决不松手、解决不彻底不放手、群众不认可不罢休"

用法提示：这句话可以用于强调彻底解决问题的重要性，彻底地解决问题，才能赢得群众的认可和支持。

金句举例：健全长效机制，统筹推进司法体制改革、党风廉政机制建设，从源头上消除顽瘴痼疾滋生的土壤，不断巩固拓展教育整顿成果，切实做到问题不解决不松手、解决不彻底不放手、群众不认可不罢休，坚决打赢这场正风肃纪、激浊扬清的攻坚战。

4."吃一堑，长一智"

用法提示：这句话可以用于表达在工作和生活中，要从失败中吸取教训，不断成长和进步。

金句举例："吃一堑，长一智"，在工作和生活中，失败不可怕，但一定要从失败中吸取教训，不断成长和进步。只有经历过失败和挫折，并从中吸取经验教训，我们才能更加坚强和成熟。

5. "天行健，君子以自强不息；地势坤，君子以厚德载物。" ——《易经》

用法提示：这句话可以用于表达在工作中的智慧和原则。

金句举例：在工作中，我们要以自强不息的精神追求个人成长，以厚德载物的品质构建和谐的社会环境。"天行健，君子以自强不息；地势坤，君子以厚德载物。"只有不断自我提升、自我突破，才能更好地应对各种挑战和机遇；同时，只有心怀善意，用宽容和包容的心态去对待各种人和事，才能让自己的生命更加丰盈和充实。

6. "海纳百川，有容乃大；壁立千仞，无欲则刚。" ——林则徐

用法提示：这句话可以用于表达在工作中，要具备包容和坚韧不拔的品质。

金句举例：在工作中，要具备包容和坚韧的品质。正如林则徐所说："海纳百川，有容乃大；壁立千仞，无欲则刚。"我们只有具备包容的胸怀和坚韧不拔的意志，才能应对各种复杂的情况，才能在工作中不断前行，取得更加出色的成绩。

7. "不以规矩，不能成方圆。" ——《孟子》

用法提示：这句话可以用于表达在工作和生活中，遵守规则和秩序的重要性。

金句举例：在工作和生活中，必须遵守规则和秩序。正如《孟子》中提到的："不以规矩，不能成方圆。"只有按照规则和秩序去行事，才能保证工作和生活的顺利进行，最终实现自己的目标。

2.16.3　意见指示类

1. "守土有责，守土尽责"

用法提示：这句话可以用于表达在地方工作中，每一个地方干部都应该承担起本地区经济社会发展的责任。

金句举例：作为一名地方干部，我们要时刻牢记"守土有责，守土尽责"的使命。只有承担起地方经济社会发展的责任，才能为人民群众创造更好的生产、生活环境。我们要加强基层组织建设，提高工作效率，创新工作方法，不断完善服务体系，让群众有更多的获得感、幸福感、安全感。

2. "勿以恶小而为之，勿以善小而不为。" ——陈寿《三国志》

用法提示：这句话可以用于表达在工作和生活中，坚持原则的重要性。

金句举例："勿以恶小而为之，勿以善小而不为。"在工作和生活中，我们要注意坚持原则的重要性。无论做什么事情，都要注重细节，不放过任何一个细节问题，同时更要坚持原则，不因小利而违背自己的信仰和价值观。

3."革命尚未成功，同志仍需努力。"——孙中山

用法提示：这句话可以用于表达在工作和生活中，要始终保持进取和奋斗的精神。

金句举例：在工作和生活中，我们要始终保持进取和奋斗的精神。正如孙中山先生所说："革命尚未成功，同志仍需努力。"无论已经取得了多少成就，都不能停止前进的脚步；只有不断努力，才能创造更大的辉煌。

4."莫等闲，白了少年头，空悲切。"——岳飞《满江红·怒发冲冠》

用法提示：这句话可以用于表达在生活和工作中，要珍惜时间，抓住机遇，不留遗憾。

金句举例："莫等闲，白了少年头，空悲切。"在生活和工作中，我们要珍惜时间，不能浪费一分一秒，紧紧抓住每一个机遇，无怨无悔地去追求自己的梦想和目标，不留遗憾。

5."困难越大，荣耀也越大"

用法提示：这句话可以用于表达在面对困难和挑战时，领导干部要有担当精神和责任意识，争取战胜困难，赢得荣誉。

金句举例：面对当前的形势和任务，我们必须树立"困难越大，荣耀也越大"的理念。在面对重大困难和挑战时，我们必须勇敢担当、积极作为，在其中更好地发挥自身的作用和价值。

6."不积跬步，无以至千里；不积小流，无以成江海。"——《荀子·劝学》

用法提示：这句话可以用于表达在工作中，要注重积累和沉淀。

金句举例：在工作中，我们要注重积累和沉淀。正如荀子所说："不积跬步，无以至千里；不积小流，无以成江海。"只有在平凡的日常工作中，不断积累和沉淀，才能最终实现更加伟大的目标。

7."不要问你的国家能为你做什么，而要问你能为你的国家做什么。"——肯尼迪

用法提示：这句话可以用于表达在爱国和社会责任感方面，每个人都应该承担自己的责任。

金句举例：在爱国和社会责任感方面，每个人都应该承担自己的责任。正如肯尼迪所说："不要问你的国家能为你做什么，而要问你能为你的国家做什么。"作为一个公民，我们应该具备社会责任感，为国家和社会作出积极的贡献。

2.17　AIGC 工具在公务类公文写作中的应用

智能公文助手、金山文档、飞书文档、文心一言、讯飞星火认知大模型等 AIGC 工具都可以用于某些公务类公文（如通告、通知、通报、报告、纪要）的辅助写作，帮助公文写作人员大幅提升工作效率。

表 2-32 是这 5 种 AIGC 工具的具体功能和使用方法，表格由文心一言生成，未做改动。

表 2-32　AIGC 工具的功能和使用方法

工具名称	类型	功能	使用方法
智能公文助手	在线网站/App	智能公文写作，支持多种公文类型（如通告、通知、通报、报告、纪要等）	1. 打开智能公文助手网站或 App，选择相应的公文类型并输入公文主题 2. 选择公文模板或定制化选项，调整格式、版式和语言表达 3. 生成公文后，可直接导出为 Word 或 PDF 格式
金山文档	在线文档工具	多人协作，支持多种场景，包括公务类公文写作	1. 打开金山文档网站或 App，创建一个新的文档 2. 在文档中输入公文主题，并应用合适的样式和格式 3. 根据需要添加图表、表格、图片等元素 4. 完成编辑后，可将文档导出为 Word 或 PDF 格式
飞书文档	在线文档工具	企业级文档协作，支持多种场景，包括公务类公文写作	1. 打开飞书文档网站或 App，创建一个新的文档 2. 在文档中输入公文主题，并应用合适的样式和格式 3. 根据需要添加图表、表格、图片等元素 4. 完成编辑后，可将文档导出为 Word 或 PDF 格式
文心一言	在线网站/App	辅助生成公文内容，提供自然语言处理和文本生成功能	1. 在文心一言网站或 App 中输入公文主题和内容，选择合适的语言和格式 2. 根据需要调整文本结构和表达方式，生成符合规范的公文内容 3. 可将生成的内容导出为 Word 或 PDF 格式，进行进一步编辑和调整
讯飞星火认知大模型	在线网站/App	基于自然语言处理技术公文写作	1. 在讯飞星火认知大模型网站或 App 中输入公文主题，选择合适的模型和模板 2. 根据需要调整文本结构和表达方式，生成符合规范的公文内容 3. 可将生成的内容导出为 Word 或 PDF 格式，进行进一步编辑和调整

以上表格总结了 5 种 AIGC 工具的功能和使用方法。这些工具可以帮助公文写作人员更高效地完成公务类公文的写作任务。

当然，公文写作是一件极其严谨和规范的工作，公文写作人员在使用 AIGC 工具辅助公文写作时，一定要注意遵循公文的相关规定和标准，确保公文写作的质量和合规性。

第3章
事务类文书

3.1　计划

　　广义的计划是指对未来一定时期内的工作目标、任务等作出的预测和设想，并形成系统化、条理化的书面材料，是规划、设想、打算、构想、预测、方案、安排等各种计划文书的统称。狭义的计划是指组织或个人对一段时间内的工作或要实现的目标预先作出打算和安排的事务性文书，是计划的专指。

3.1.1　计划的 3 大特性

　　计划的特性如表 3-1 所示。

表 3-1　计划的特性

特性	详细描述
预测性	计划具有预测性，这要求计划写作人员目光要长远，具备统筹全局的能力。计划写作人员应贯彻上级部门的规定和指示，并结合本单位过去的成绩和经验总结，对今后的工作作出科学的预测，切忌凭空猜想、盲目写作
可操作性	计划的预测性一定程度上决定了计划的可操作性。经过科学预测后制订出来的合理的计划，在现实中才真正可行。如果把目标定得过高，超出了组织或个人的能力，这个计划就是一纸空文；如果把目标定得过低，轻而易举就能实现，就不能取得有价值的成就，这个计划同样没有意义。因此，计划写作人员应通过科学的预测，设定科学合理的目标，使计划具备可操作性
约束性	计划一经通过、批准或认定，在其所指向的范围内就具有了约束作用。在这一范围内无论是集体还是个人都必须按计划的内容开展工作和活动，不得违背和拖延

3.1.2　计划的主要类型

1. 基本的计划类型

计划按照不同的分类标准，有不同的类型，基本的计划类型如表 3-2 所示。

表 3-2　基本的计划类型

分类标准	详细类型
按内容不同	可分为工作计划、学习计划、研发计划、生产计划、销售计划、采购计划、分配计划、财务计划等
按范围大小	可分为国家计划、地区计划、单位计划、班组计划、个人计划等
按时间长短	可分为长期计划、中期计划、短期计划、年度计划、季度计划、月度计划等
按表达形式不同	可分为条文式计划、表格式计划、文表式计划
按性质不同	可分为综合性计划、专题性计划

2. 特殊的计划类型

值得一提的是，由于每份计划所强调的重心各有侧重，其指挥性、约束性的强弱程度也有较大不同，计划不一定都用本名做标题，可以根据自身的特点和需要变换名称，如"××学院学工处 2021 年度工作要点""××× 县 ××× 局党史学习小组 2021 年度理论学习安排"。这也就衍生出了一些比较特殊的计划类型，如下所示。

（1）规划。规划的时间跨度较长（一般 5 年及以上），目标多且广，一般具有高度的概括性与前瞻性，如"××× 市城乡经济和社会发展十年规划"。

（2）设想、构想、思路、打算。时间跨度长的一般称"设想"，范围较广泛的一般称"构想"，时间较短、范围较小的则称为"思路"或"打算"，如"2023 至 2025 年营销工作的设想""关于论文写作的思路"。

（3）要点。要点就是计划的摘要，一般以文件形式下发的计划都采用"要点"的形式。

（4）方案。方案一般涉及以下内容：指导思想、主要目标、工作安排、工作重点、疑难问题、实施步骤、政策措施、具体要求等。

（5）安排。安排的内容往往是明确、具体且单一的，写法很详细，事项时间较短。

3.1.3　计划的 3 大模块及写法

计划的结构一般由标题、正文、落款 3 个模块组成，各模块写作思路如下。

1. 标题

计划标题又叫计划名称，一般有 3 种写法。

（1）完整式。单位名称 + 时限 + 内容 + 文种，如"×××市公安局局长督查组 2020 年度工作计划"。

（2）省略式。即视实际需要省略某些标题要素。有的省略时限，如"×××物业管理公司清洁方案"，有的省略单位，如"4 月份班组计划"，有的省略单位和时限，如"退役军人就业工作计划"，凡标题省略单位的都必须在正文后署名。

一般而言，规模较小的基层单位的计划可以作适当的要素省略，单位较大的正规的计划，要素不可省略。

（3）公文式。发文机关名称 + 事由 + 文种。如"×××县关于 2022 年美丽乡村建设的工作部署"。需要注意的是，有些计划需要多次讨论定稿或经上级批准，写作人员应在标题的后面或下面用圆括号加注"草案"或"初稿"或"讨论稿"等字样。

2. 正文

计划的正文一般由前言、主体部分和结语组成。

（1）前言。前言又叫导语或序言，一般包括制订计划的目的、制订计划的依据、本单位的基本情况、完成计划的条件等内容，总体要求是简明扼要。在实际写作中前言一般以"为此，特制订计划如下"等为过渡语，引出主体部分。

（2）主体部分。主体部分即计划事项，一般要求必须写清以下几方面的内容。

①目标任务——"做什么（What）"，即明确未来某一时段内要达成的具体工作目标，应完成的具体工作任务。

②措施——"怎么做（How）"，写清楚采取什么办法，利用什么条件，使用什么工具，由谁负责组织或实施，如何协调配合完成任务。拟采取的措施要符合客观实际、实事求是，具体可行。

③步骤——"何时做（When）"，即写明什么时间段完成什么步骤或程序。时间的设置应参考以往经验或经充分调查与分析。

在写作实务中，根据计划的内容和表述需要，措施和步骤可以放在一起写，可使用条文式、图表式或条文图表结合的方式进行写作，力求内容直观明了，在正文不便表述的内容应另作"附件"附于文后。

（3）结语。结语部分可以对计划的执行要求作说明，也可以提出希望或号召。

3. 落款

落款部分包括署名和成文日期。署名和成文日期写在正文的右下方，标题中已包括单位名称的计划可以不写署名。有附件的计划，附件名称应注于正文之后，署名和成文日期的左上方。

3.1.4　计划写作的 4 大注意事项

计划的写作首先要明确类别，写作人员必须分清这个计划的内容属于哪一类，适合用哪一个具体的计划种类来表达；其次要明确写法，根据具体内容和写作要求进行写作。但不论哪种计划，写作中都必须注意掌握以下几点。

1. 深入了解情况

计划的写作要深入调查研究，需要吃透"两头"，既要了解"上情"，也要把握"下情"。首先要了解本单位、部门领导班子和主要负责人的意见、想法和决定，根据上级领导的指示精神进行写作，用计划来体现领导的意图；其次要把握"下情"，了解基层单位和具体工作部门的情况。做到上下结合，才能使计划"有的放矢"。

2. 科学设置目标

计划的写作要从实际情况出发，科学设置目标，合理分解和量化目标，分清主要矛盾和次要矛盾，分清任务的轻重缓急，突出重点，以点带面，不能眉毛胡子一把抓。既不要因循守旧，也不要过分激进。

3. 集思广益

计划的写作要走群众路线，广泛听取群众意见，群策群力，博采众长，避免主观主义、"一言堂"、"一支笔"等现象的发生。

4. 防患于未然

未雨绸缪，在计划的制订过程中，要预先想到实际工作中可能发生的偏差、可能出现的缺陷、有必要采取的防范措施或补救办法，坚决反对短视的行为。

3.1.5　写作示范

计划的写作示范如下，供参考。

×××市市场监督管理局 2022 年食品生产监督检查计划

为认真贯彻落实《中共中央国务院关于深化改革加强食品安全工作的意见》以及省市场监管局、市委、市政府对食品安全监管工作的总体要求，根据《中华人民共和国食品安全法》及其实施条例及《食品生产经营监督检查管理办法》（国家市场监督管理总局令第 49 号），市局制订 2022 年 ×××市食品生产监督检查计划。

一、检查对象

全市取得生产许可证的食品及食品相关产品生产企业、取得登记证的食品生产加工小作坊（以下简称食品小作坊）。

二、检查方式

各级市场监管部门结合日常监管、专项工作、有因核查，组织对本辖区食品及食品相关产品生产企业、食品小作坊实施监督检查。监督检查方式为日常监督检查、飞行检查、体系检查。

三、检查重点

（一）进口冷链食品生产企业疫情防控情况。……

（二）境外输入食品生产企业疫情防控情况。……

（三）重点检查企业类别。……

（四）监督检查要点。……

（五）强化企业自查。……

四、检查安排

年度监督检查应覆盖所有获证的食品生产企业与食品小作坊……

（一）市级食品生产年度监督检查安排

市局按照风险分级分类管理和省局食品及食品相关产品生产检查工作要求，结合全市监管工作实际，开展如下工作：

1. 组织各辖区局开展进口冷链食品生产企业疫情防控落实情况全覆盖监督检查；

2. 组织各辖区局开展境外输入食品生产企业疫情防控落实情况全覆盖监督检查；

3. 指导各辖区局制订年度监督检查计划，督促其按照计划实施检查；

4. 结合省局部署，有针对性地对重点类别的食品及食品相关产品生产企业开展飞行检查及体系检查；

5. 组织各辖区局对乳制品、肉制品、蜂蜜、糕点、水产制品、工业和商用电热食品加工设备等生产企业实施专项监督检查；

……………

（二）区级食品生产年度监督检查安排

各辖区局应按照风险分级分类管理与辖区监管工作实际，开展如下工作：

1. 对辖区内进口冷链食品生产企业开展疫情防控落实情况全覆盖现场监督检查，合理安排检查频次，确保每月均有现场监督检查，每家企业全年至少完成 5 次现场监督检查；

2. 对辖区内境外输入药品生产企业开展疫情防控落实情况全覆盖监督检查;

3. 制订本区局年度监督检查计划并组织实施,监督检查实施情况应及时报告市局;

4. 对辖区食品相关产品告知承诺许可获证企业实施全覆盖例行检查,对不合格企业依法及时逐级上报,并提出撤销生产许可证建议;

5. 根据市局要求,对乳制品、肉制品、蜂蜜、糕点、水产制品、工业和商用电热食品加工设备等生产企业实施专项监督检查;

6. 参与省、市级其他监督检查工作。

五、工作要求

(一)市局及各辖区局要重点对抽检不合格生产单位实施监督检查与约谈,年度抽检一次不合格的生产企业由辖区局实施约谈,年度抽检两次以上(含两次)不合格的生产企业由市局实施约谈。

(二)各辖区局应对检查中存在问题的单位进行整改督促,并逐一进行核查,确保问题整改到位。对检查中发现或有发生食品安全事故潜在风险的,应责令其立即停止食品生产经营活动,并依法查处。

(三)市局及各辖区局应加强监督检查信息化建设,记录、归集、分析监督检查信息,加强数据整合、共享和利用,完善监督检查措施,提升智慧监管水平……

3.2　简报

简报,顾名思义,就是比较简略的报道,是国家机关、企事业单位内部向上级反映情况、汇报工作,或者与下级、平行单位进行沟通时经常使用的一种公文应用文体。简报又称"动态""简讯""摘报""工作通讯""情况反映""内部参考"等。

3.2.1　简报的 4 大特性

简报的特性如表 3-3 所示。

表 3-3　简报的特性

特性	详细描述
简洁性	简报篇幅比较短小,语言简洁精练是简报区别于一般报刊文章的最显著特点。简报最好不要超过一千字,特殊情况也不要超过两千字,能用一句话说明白的,就绝不用两句话

续表

特性	详细描述
典型性	简报的内容要反映情况，要抓住重点、要害，不能求全贪多。首先，要求抓住重要问题，比如有典型性的事物，值得注意的苗头，有启发性的经验、做法等。其次，要突出重点，使人一眼就能看清问题重点所在
内参性	作为内参性文件，一般不向全社会公布，尤其是涉外机关和专政机关主办的简报往往不宜甚至不能公开传播。有的简报是呈交给某一级领导人看的，有一定的保密要求，不能任意扩大阅读范围
及时性	简报用于反映新情况、新问题、新经验、新苗头、新事物等，要在不粗制滥造的前提下，写得快、印得快、发得快，以便领导和有关部门及时了解动向，掌握情况，根据情况及时地处理问题，制定政策

3.2.2　简报的 4 种类型

简报的类型如表 3-4 所示。

表 3-4　简报的类型

类型	类型描述
会议简报	会议简报是一种临时性的简报，是会议期间为反映会议进展情况、会议发言中的意见和建议、会议决议事项等内容而编写的简报，一般由会议秘书处或主持单位编写。规模大、时间长的会议往往需要通过多期简报将会议进程中的情况接连不断地反映出来
工作简报	工作简报是反映工作开展情况、取得成绩、介绍工作经验、报告工作中出现的问题的经常性简报，没有固定的发行日期，又称业务简报。工作简报是为推动日常工作而编写的简报，它又可分为综合工作简报和专题工作简报两种
动态简报	动态简报是为反映本单位、本系统的思想、政治、经济、文化等方面情况、问题、信息而编写的综合性简报，一般包括情况动态和思想动态两部分。动态简报的时效性较强，保密性要求较高，发送范围有一定限制，通常要快速编发，在某一个时期、某一阶段要保密
科技简报	科技简报是反映最新科学技术研究成果、介绍推广新产品、新工艺、新技术、新理论等的简报。大部分科技简报内容新颖、专业性强，有的属于经济情报或技术情报，有一定的机密性，必要时需加保密等级

3.2.3　简报的 4 大模块及写法

简报的种类繁多，写作格式也不尽相同，但一般简报的结构都包括报头、标题、正文和报尾 4 个模块。有些还要加上编者按。简报一般都有固定的报头，包括简报的名称、期号、编发单位和发行日期，报头部分与标题和正文之间，一般都用一条粗线隔开。

1. 报头

简报的报头一般由简报名称、期号、编发单位、发行日期、保密等级和编号组成。

（1）简报名称。简报名称通常印在简报第一页上方的正中处，字体较大，常采用套红印刷。

（2）期号。简报的期号一般按年度依次排列，位于简报名称的正下方，有的还会标出简报的总期号。简报中如有"增刊"的期号，要单独编排，不能与"正刊"期号混编。

（3）编发单位。编发单位应标明全称，位于期号的左下方。

（4）发行日期。发行日期以领导签发的日期为准，应在期号的右下方标明具体的年、月、日。

（5）保密等级。保密等级有"内部参阅""秘密""机密""绝密"等，位置在简报名称的左上方。

（6）编号。编号一般位于报头右上方，保密性的简报需用编号，一般简报不用编号。

2. 标题

简报的标题应做到简要、准确、生动地概括全文内容。一般情况下，简报的标题可以采用主副标题的写法，主标题提示全文的思想、意义，副标题写出事件与范围，起到补充说明作用，如"学习消防知识，提高安全意识——×××市7月份消防支队消防知识推广工作情况"。

3. 正文

正文是简报的核心部分，一般由开头、主体和结尾组成。

（1）开头。简报的开头又称导语，要"开门见山"地用简短的文字，准确地概括报道的内容，说明报道的宗旨。简报正文的开头一般有4种写法。

①叙述式。直接把要反映的事件的时间、地点、人物、原因、结果概括出来，使领导（读者）一目了然。

②结论式。先用一两句话概括事情的结果或因此而得出的结论，然后再在主体部分作必要的解释和说明。

③疑问式。根据简报反映的问题，提出几个重要问题，引起读者的注意，然后再在主体部分作出具体回答。

④描写式。选取简报的主要事实或有趣的事件，对其加以形象的描写，以引起读者的兴趣。

（2）主体。主体是简报最主要的部分。其作用是用充分的、典型的、极具说服力的材料把导语的内容写丰富并加以具体化，同时对观点进行解释说明，因此应写得翔实、充分、有力。简报主体的正文一般有4种写法。

①按时间顺序写，即按照事情发生、发展、结束的顺序来写材料，这种写法比较适合报道或叙述一个完整的事件。

②按逻辑方法分类、归纳，即把所有材料集束式归纳为几个部分，加上序号或小标题，

按序号或小标题分别叙述。

③夹叙夹议法，即边叙述、边评述，这种方法适合对所反映的一些问题具有倾向性意见的简报。

④对比法，即在对比不同问题、时间、情况中展开论述。

（3）结尾。简报正文的结尾有两种，一种是把主体叙述的情况，用一句话或一段话总结一下，结束全文。另一种是叙述完事实后，干净利落地结束全文。

4.报尾

报尾在简报末页，一般应包括简报的报、送、发单位。报，指简报呈报的上级单位；送，指简报送往的同级单位或不相隶属的单位；发，指简报发放的下级单位。如果简报的报、送、发单位是固定的，而又要临时增加发放单位，一般还应注明"本期增发×××（单位）"。报尾还应包括本期简报的印刷份数，位于简报末页的下端。

3.2.4 简报写作的 3 大注意事项

1.善用按语

按语是简报的编者针对简报的内容所写的必要的说明性文字或评论性文字。按语可以引导读者更好地理解简报的内容，一般写在标题之前，并在某些段文字的开头处写上"编者按""按语""按"等字样。转发式简报一般要加编者按语，其他重要简报也可加编者按语。

简报的按语分两类：一是说明性按语，二是批示性按语。合理使用按语，可以为简报增色，反之则画蛇添足，因此简报的写作人员应把握按语的添加时机。

2.内容真实，简明扼要

简报作为加强领导和推动工作的重要工具，内容必须保证绝对真实、准确。否则，就会造成不良后果。同时，要做到内容上的"简"与"明"，二者缺一不可，避免把内容写得冗长烦琐或晦涩难懂，让人难以卒读。

3.抓住主要问题的核心

简报写作人员应具备统筹全局的能力和换位思考的意识，学会站在单位领导的高度、全局的高度去分析问题。抓住主要问题的核心，掌握问题的发展趋势，这样有利于用简短的语言切中重点，避免长篇大论。

3.2.5 写作示范

简报的写作示范如下，供参考。

创卫工作简报

（第一期）

创建国家卫生城市指挥部办公室编　　××××年××月××日

编者按：1 月 18 日，市委、市政府召开全市创建国家卫生城市动员大会，正式启动了国家卫生城市创建工作。会后，各区、各部门高度重视、积极行动，召开启动大会，成立创卫组织，扎实开展了相关工作。为及时、综合反映全市各级各部门卫生创建工作，从今天起市创建国家卫生城市指挥部办公室编发工作简报，发刊周期原则上为半月，如有重大政策、重大活动以及好的经验做法，将随时编印。我们衷心希望关心、支持创卫工作的各级领导、各界朋友对简报编发及其他各项工作提出宝贵的意见和建议。

我市组织创建国家卫生城市百日攻坚行动暨爱国卫生月启动仪式

为迅速掀起创建国家卫生城市活动新高潮，3 月 30 日，市创卫指挥部在省博物院广场举行了"创建国家卫生城市百日攻坚行动暨第 30 个全国爱国卫生月"启动仪式。市创卫指挥部总指挥、市长×××，省卫生计生委副主任×××，市创卫指挥部副总指挥、市人大常委会副主任×××，市创卫指挥部副总指挥、副市长×××，市创卫指挥部副总指挥、市政协副主席×××，市创卫指挥部副总指挥、创卫办主任、市政府秘书长×××，市创卫指挥部办公室常务副主任、市卫生计生委主任×××等省、市领导出席了启动仪式。

启动仪式上，×××主任宣读了创建国家卫生城市百日攻坚行动方案，市城管委、××区的代表分别代表市直部门和市辖区就如何做好创卫工作进行了表态发言，群众志愿者向全市人民发出了创卫倡议。

×××副市长做了动员讲话，×××市长宣布"创建国家卫生城市百日攻坚行动暨第 30 个全国爱国卫生月"活动正式开始，这标志着我市创建全国卫生城市正式进入全民参与、全面推进的关键阶段。

我市开展的创建国家卫生城市百日攻坚行动……

市城管委开展春季市容环境卫生整治行动

为进一步提升城区市容市貌质量，为创建国家卫生城市奠定基础，市城管委以着力解决城市管理中存在的突出问题和市民反映的热点难点为主要内容，从 3 月 1 日起至 5 月 31 日，全面开展了春季市容环境卫生整治行动。

…………

市卫生计生委积极问计取得省直支持

近期，根据全市创建国家卫生城市工作安排部署，市卫生计生委结合实际，认真谋划，积极主动问计省直、取得支持。

卫健委主要领导先后采取登门拜访、邀请指导、电话沟通等方式，积极邀请省或国家专家对我市创建工作进行技术培训和业务指导……

3.3　建议书

建议书一般是个人、单位、机构或组织，为了能够更好地开展工作、完成任务、解决问题，而向具体负责工作或任务总体安排的部门或上级机关撰写的一种文书。

3.3.1　建议书的 3 大特性

建议书的特性如表 3-5 所示。

表 3–5　建议书的特性

特性	特性描述
广泛性	一般情况下，建议书的写作目的是能够更好地完成某项工作、某项任务，或者解决某个问题，因此建议书的适用范围非常广泛，在开展抗震救灾、倡导精神文明、弘扬优良传统等方面都可以使用
多向性	建议书作为下行文出现时，它的作用主要是建议、倡议，同时具有一定的号召性和宣传鼓动性。作为上行文出现时，它的写法和语言的组织一定要中肯，不能使用强迫或命令的口气
灵活性	一般情况下，建议书的内容只是撰文者对具体工作的一种基本的建设性意见，在具体实施中，还要由实施者依据实际情况，对照建议书的内容进行操作，如果建议书的内容需要调整，实施者可以进行灵活调整

3.3.2　建议书的作用

建议书是党的群众路线的一种很好的体现形式，它可以增强人民群众建设中国特色社会主义的热情和责任感，可以使党和群众的联系更加密切。

建议书可以充分调动各方面的积极因素，集体共智，群策群力，有利于更好地推进工作的顺利开展，促进工作目标的实现。建议书的写作形式灵活，类似于普通书信，受限不多。

3.3.3　建议书的 4 大模块及写法

建议书的结构一般由标题、主送机关、正文和落款 4 个模块组成，各模块写作思路如下。

1. 标题

一般情况下，建议书的标题只写"建议书"三个字，但有的时候，也可以在"建议书"三个字前面加上概括建议书内容的其他文字，如"关于解决××××问题的建议书"。

2. 主送机关

建议书的主送机关与大多数公文的主送机关写法一样，希望哪些单位或人员对建议书进行响应，就写哪些单位或人员。

3. 正文

正文是建议书的核心内容，通常情况下，首先要写清楚提出建议的原因，然后再写清楚所提建议的具体内容，可以分条写，也可以分段写，力求清晰醒目。最后，在结尾处写希望建议被采纳的愿望或谦虚的话语，如"希望×××能采纳我们的建议""以上几点是我个人的肤浅建议，仅供您参考"。

4. 落款

在正文右下方署上提建议的单位或个人的名字，最后署上成文日期。

3.3.4　建议书写作的 3 大注意事项

1. 认真对待

克服写建议是在给对方找麻烦的错误认知，应从工作实际出发，把提建议当成对工作、组织、领导负责的表现。但是也要注意，确实有建议则提，不能为了提建议而提建议，或者想当然地乱提建议。

2. 实事求是

建议书要把握好分寸，实事求是，不提过高的要求，不说大话，所提的建议必须考虑工作的实际情况和客观要求，必须以能够促进工作开展为前提。

3. 语言精练

对于建议书的具体内容的撰写，应做到言简意赅，分条列项，准确地表明写作者的态度，多余的空话、套话不要写。同时，注意篇幅、突出重点，不可长篇大论，让受文者不得要领。

3.3.5 写作示范

建议书的写作示范如下，供参考。

反对铺张浪费的建议书

亲爱的同学们：

随着全国主流媒体对"舌尖上的浪费"的大加挞伐，一项倡导将盘中餐吃光、杯中水喝净的"光盘行动"正在全国兴起，并得到社会各界的热烈响应。然而，据本食堂工作人员反映，我校同学浪费粮食的现象仍然非常严重。

一粥一饭当思来之不易，半丝半缕恒念物力维艰。为大力弘扬勤俭节约的传统美德，引导全校同学养成健康文明、绿色低碳的生活习惯，在全校倡导文明消费、绿色消费、低碳消费的消费理念，本食堂联合校团委、校学生会向全校同学发出如下倡议：

我国是最大的粮食进口国，粮食问题事关国家安全。全校同学要从点滴做起，将口号变为行动，将行动化为习惯。在校就餐时，根据自己食量确定饭菜数量，做到适度适量，吃饱为好。在家用餐时，吃多少盛多少，不挑食不偏食，不扔剩饭剩菜。无论在什么场合，都要用实际行动践行"光盘行动"，为保障国家粮食安全作出贡献。

全校同学不但要争当勤俭节约的行动表率，更要做"光盘行动"的宣传使者，积极倡导节约文化，广泛宣传节约理念，从自己的家庭做起，发动父母、兄弟姐妹、亲朋好友都参加到"光盘行动"中来，都来做一名"节约达人"。从学校到家庭再到社会，通过小手牵大手，使同学们的节约习惯能延伸到校园外，让更多家长向浪费说不。

同学们，我们都是校园的一分子、社会的小主人，让我们从现在做起，争做节俭生活的践行者、推广者、监督者，共同为建设文明、和谐、低碳、绿色、环保的社会环境作出自己应有的贡献！

××× 县第二中学食堂

×××× 年 ×× 月 ×× 日

3.4 申请书

申请书是个人或集体向组织、机关、企事业单位或社会团体表达愿望、提出请求时使用的一种文书。申请书的使用范围广泛，申请购买物品、工作调动、入党、物资调配等都需要拟制申请书。申请书也是一种专用文书，是表情达意的一种工具。

3.4.1 申请书的 3 大特性

申请书的特性如表 3-6 所示。

表 3-6 申请书的特性

特性	特性描述
意愿性	申请书必须清晰地阐述申请者的需求和目的，以便领导能够依据申请作出批示，不可模棱两可、含糊不清，让领导觉得申请者决心不强
明确性	申请书所表示的意愿一定要清楚准确，尤其是涉及一些数据的时候，更是要掌握第一手资料，反复核对，做到准确无误
书信式	申请书是一种专用书信，可按照书信的要求行文，需要注意的是语言要诚恳，不可表现出强人所难的压迫性

3.4.2 申请书的 3 种类型

申请书的类型如表 3-7 所示。

表 3-7 申请书的类型

类型	类型描述
加入组织申请书	最典型的是"入党申请书、入团申请书"等，写作时要表明强烈的决心和希望，注意立场正确，切忌不当言论
请求解决问题申请书	这是一种以个人、单位名义向有关领导或上级机关请求解决某一问题的申请书。如申请调转工作、申请补贴、申请出国留学等。这种申请书要把重点放在理由的申述上，态度要诚恳，语言要简明，理由要写得具体、充分
要求某种权利申请书	这是一种向主管机关、部门请求某种权利的申请书。如专利申请书、使用权申请书、领养子女申请书等。写这种申请书，应根据国家的方针政策，并以法律为依据，实事求是地写作

3.4.3 申请书的 4 大模块及写法

申请书的结构一般由标题、称呼、正文和落款 4 个模块组成，各模块写作思路如下。

1. 标题

申请书的标题一般有两种。

（1）只写文种，即在页面上方居中位置写"申请书"三个字。

（2）用"事由＋文种"的方式书写，如"入党申请书""调换工作申请书""物资调配申请书"等。

2. 称呼

在标题下方、正文上方，顶格写明申请书要送达的组织、机关、单位、领导的名称，如"××××党支部""尊敬的校领导"等。

3. 正文

正文是申请书全文的核心部分。首先，在第一段开门见山地提出申请的事项，以便让领导一目了然，事项要写得清楚、简洁；其次，分段落、有条理地说明提出申请的原因、依据等内容，要写得客观且充分，以表明所申请事项的合理性和可行性；最后，用惯用语表明申请者的态度，如"特此申请""恳请领导帮助解决""希望领导研究批准"等，也可用"此致，敬礼"。

4. 落款

写清申请者、申请单位的姓名或单位名称，申请单位须加盖公章，最后注明日期。

3.4.4　申请书写作的 2 大注意事项

1. 准备充分

申请书写作之前应充分考虑，做充足准备，确定有一定的把握后再组织语言，撰写申请书。

2. 用语规范

申请的事项、目的要写清楚、具体，涉及的数据等要准确无误，申请的理由要合情合理、实事求是，语言要简练、准确、明快，方便领导审阅，提高申请的通过率。

3.4.5　写作示范

申请书的写作示范如下，供参考。

调换工作岗位申请书

尊敬的领导：

　　您好！

　　我是贵公司××部门的×××，自××××年××月××日入职以来一直在××岗位上工作。在此，我首先向公司和领导表示衷心的感谢，感谢

公司给予我的培养与信任,也感谢领导在工作上给予我的悉心指导与支持。

经过深思熟虑,我郑重地向公司提出调换工作岗位的申请。以下是我提出此申请的主要原因:

一、个人职业发展规划

在××岗位上,我积累了一定的工作经验,也取得了一定的成绩。然而,随着个人职业发展规划的逐步清晰,我意识到当前岗位已不能完全满足我的发展需求。我希望能够挑战新的岗位,学习新的知识和技能,进一步提升自己的综合素质和业务能力。

二、能力匹配与兴趣所在

通过对公司各部门岗位的了解,我发现××岗位与我的能力匹配度较高,且该岗位的工作内容也是我非常感兴趣的。我相信,在该岗位工作,我能够更好地发挥自己的专业优势,为公司的发展贡献更多力量。

三、对公司发展的贡献

调换至××岗位后,我将以更加饱满的热情和更加扎实的专业技能投入到工作中,为公司的发展贡献自己的力量。同时,我也将积极与同事沟通交流,共同推动部门工作的顺利开展。

基于以上原因,我恳请公司能够考虑我的申请,给予我调换工作岗位的机会。在新的岗位上,我将努力工作,为公司的发展贡献自己的力量。

此致

敬礼!

申请人:×××

申请日期:××××年××月××日

3.5　总结

总结是单位或个人对过去一段时期内的工作、生产、学习等实践活动的结果进行系统回顾、深入分析,归纳经验教训,力求得出规律性认识,以指导今后工作的事务性文书。总结也有各种别称,如自查性质的评估、汇报、回顾、小结等都具有总结的性质。

3.5.1　总结的3大特性

总结的特性如表3-8所示。

表 3-8 总结的特性

特性	特性描述
回顾性	总结的过程是一个回溯分析的过程，只有对以往的工作进行系统的了解，才能寻找出工作失败的原因或成功的经验，探索出事物发展的客观规律，达到对自身实践活动的本质概括和理性认识，从而指导之后的工作
指导性	总结出深刻的、规律性的经验、认识，可以使人在今后的工作中避免重蹈覆辙，少走弯路，从而提高工作效率，更好地完成任务、实现目标
客观性	总结应当遵循客观性的原则，总结的撰写应当是以个人或单位自身的实践活动为依据的，所列举的事例和数据都必须完全可靠，确凿无误，任何夸大、缩小、随意杜撰、歪曲事实的做法都会使总结失去应有的价值

3.5.2　总结的 4 种类型

总结的类型如表 3-9 所示。

表 3-9 总结的类型

类型	类型描述
学习总结	学习总结是单位或个人对某段时间内的学习情况和收获进行的回顾。学生时代的学习总结偏向自我鉴定，工作时期的学习总结偏向总结性报告
工作总结	工作总结是单位或个人对工作进展情况或成效的回顾，以年终总结、半年总结和季度总结最为常见。工作总结内容涵盖面广，一般与工作计划相辅相成
生产总结	主要是指在工农业等生产活动中对前阶段生产实际情况、遇见的问题和困难、吸取到的经验和教训等方面的全面回顾
个人总结	个人总结是把一段时期内的个人情况进行一次全面系统的检查、评价、研究，分析成绩、不足、经验等。个人总结应做到实事求是

3.5.3　总结的 3 大模块及写法

总结的结构一般由标题、正文和落款 3 个模块组成，各模块写作思路如下。

1. 标题

标题，即总结的名称，要标明总结的单位、期限和性质，如"×××公司××××年度工作总结"。

2. 正文

正文一般由开头、主体和结尾组成。

（1）开头。开头应用简练的语言交代总结的目的和总结的主要内容，或把所取得的成绩写出来，或说明指导思想以及在什么形势下作的总结。

（2）主体。这是总结的主要部分，是总结的重点和中心。其内容就是总结的内容，一般需要分条或分段列示，使格式和内容层次分明、重点突出。

（3）结尾。总结的结尾可对全文进行归纳、总结并突出成绩，也可以写明今后的打算和努力的方向，或指出工作中的缺点和存在的问题。

3.落款

落款写明单位或个人名称，最后署上年、月、日，单位制作的总结应在落款处加盖公章。

3.5.4 总结写作的 3 大注意事项

1.坚持实事求是，不流于形式

想要写好总结，就应遵循实事求是的基本原则。总结的目的是指导以后的工作，如果在总结中夸大成绩，隐瞒缺点，报喜不报忧，搞弄虚作假、浮夸邀功的坏作风，就会使分析过程误入歧途，得出错误的结论，对今后的工作造成重大损失。所以，总结的写作过程中，应当反对形式主义，要实事求是地进行总结。

2.突出重点

总结不能事无巨细、面面俱到。要根据工作实际和写作目的，抓住要害，突出重点。所谓重点，就是要抓住主要矛盾的主要方面，围绕主要矛盾的主要方面进行分析归纳，总结出规律性的认识。另外，总结最好要有独到的发现、独到的体会、新鲜的角度。

3.用正确的指导思想指导总结的写作

总结的写作，必须坚持历史唯物主义、辩证唯物主义，以党的方针、政策、路线为依据，正确分析实际工作情况，从中归纳提炼出能更好地指导现实的经验、结论。

3.5.5 写作示范

总结的写作示范如下，供参考。

市知识产权局 ×××× 年度市人大代表建议和政协提案办理工作总结

市知识产权局认真贯彻落实市政府关于建议提案办理工作的要求，积极推进"两会"代表委员建议提案办理工作，强化责任意识，加强统筹协调，推动办理工作取得实效。2019 年收到的代表建议和政协提案全部采纳，并在规定期限内全部办复。现将办理工作总结如下：

　　一、基本情况

　　2019 年"两会"期间，我局共收到人大代表建议 8 件，其中主办件 3 件，会办件 5 件；政协委员提案 14 件，其中主办件 5 件，会办件 9 件。

　　通过梳理分析，代表和委员的意见建议主要聚焦以下方面：加大知识产权保护力度、完善知识产权仲裁调解机制、加强知识产权文化建设、完善知识产权评估体系、加强知识产权金融创新、促进知识产权运营交易、优化知识产权服务体系等方面。

　　二、主要做法

　　（一）加强组织领导，落实办理责任

　　一是市领导协调部署……

　　（二）突出工作重点，努力提升办理质量

　　我局在办理过程中，有针对性地制订办理计划，按照新形势和要求，加强对承办人员的具体指导，各承办处室在办前认真研究分析，准确理解代表委员的意见建议，努力提高答复的针对性，严格按时限、质量、程序、格式等要求答复，力求办理到位，代表委员满意……

　　（三）统筹研究协调，积极采纳建议

　　坚持把建议提案办理工作纳入整体工作布局，与我局业务工作相结合，认真采纳和落实代表委员提出的意见建议，促进××市知识产权事业发展。一是深入研究意见建议……

　　三、下一步打算

　　下一步，市知识产权局将根据建议提案办理要求，认真抓好走访沟通、办理落实和信息公开等工作，确保建议提案办理工作落地有声，取得实效。下阶段，针对建议提案聚焦的重点难点问题，市知识产权局将重点抓好以下几方面工作：一是进一步优化制度供给……

×××市知识产权局

××××年××月××日

3.6　述职报告

　　述职报告是各级党政机关、企事业单位、社会团体的领导干部、管理者、员工等向上级主管机关、领导或人事部门汇报某个阶段工作情况的书面报告。述职报告有利于述职者总结经验教训和改进工作，有利于上级领导、人事部门开展对述职者的考评工作。

3.6.1　述职报告的 3 大特性

述职报告的特性如表 3-10 所示。

表 3-10　述职报告的特性

特性	特性描述
内容客观性	述职报告内容的客观性体现为一切从工作实际出发，重点突出、详略得当地阐述工作成绩和问题，并从中总结经验、吸取教训、发现规律，不可主观地夸大成绩
范围确定性	述职报告的撰写要求述职者根据自身的岗位要求，从德、能、政、勤、绩、廉等方面进行全面的报告，如实地阐述一定时期内的全部业绩
价值鉴定性	述职报告是上级领导考核干部并进行价值鉴定的依据，述职报告相关材料最终会作为述职人员升迁、降职、留任、调任的重要依据

3.6.2　述职报告的主要类型

述职报告按照不同的分类标准，可以有不同的分类，述职报告的类型如表 3-11 所示。

表 3-11　述职报告的类型

分类标准	类型名称	类型描述
述职时效	任期述职报告	即对任职以来关于履行岗位职责工作情况的报告
	年度述职报告	即一年一度关于履行岗位职责工作情况的报告
	临时性述职报告	即担任某一项临时性的职务，当工作结束时阐述工作情况的报告
述职内容	综合性述职报告	即对一段时间内的全部工作内容进行的全方面、具体的总结
	专题性述职报告	即对专门的工作进行回顾和总结，与综合性述职报告相比，专题性述职报告更为详细，对问题的认识与剖析也更为深入
述职主体	管理者述职报告	即管理干部针对日常管理工作中出现的成绩与问题进行回顾，向上级部门阐述一段时间内的工作业绩和存在的问题
	专业技术人员述职报告	即专业技术人员针对生产过程中的技术问题，对于各种技术难关的攻破以及对于技术上的突破创新进行回顾与总结

3.6.3　述职报告的 3 大模块及写法

述职报告的结构一般由标题、正文和落款 3 个模块组成，各模块写作思路如下。

1. 标题

述职报告的标题一般有以下两种形式。

（1）单标题

①任职时间＋职务＋文种名称，如"2023 年××市乡村振兴局局长述职报告"。

②任职时段＋职务＋文种名称，如"2020 年至 2023 年任××职务期间的述职报告"。

③职务＋文种名称，如"林业局局长述职报告"。

④时间＋文种名称，如"2019—2020 年度述职报告"。

⑤文种名称，如"述职报告"或"我的述职报告"。

（2）双标题

双标题由主、副标题组成。主标题的作用是点出报告的主题、对述职内容进行高度概括；副标题则与上述单标题的写法类似。二者之间用破折号连接。如"创新驱动，提质增效——2022 年度××市发展和改革委员会党组书记述职报告"。

2. 正文

正文一般分为导言、主体和结尾三部分。

（1）导言。导言可简单地概述汇报人的现任职务、任职时间、履职内容、工作目标及对自己工作的总体评价。

（2）主体。主体部分主要阐述汇报人履行岗位职责的具体内容。具体包括：自己的工作思路，工作过程、工作成效和工作经验，以及工作中出现的问题和改正措施等。主体内容的写作要注意重点突出、详略得当，客观阐述成绩与存在的问题，成绩与存在的问题都应平等地作为述职报告的主体，避免过于夸大成绩或忽略问题，将大量篇幅用于书写成绩，而对于存在的问题，仅仅用较小的篇幅一笔带过、高度概括，这不是实事求是的做法，不利于考核工作和今后工作的开展。

对于主体部分的结构，一般可采用横向结构与纵向结构。

①横向结构。适用于分管多项工作的述职者，将自己职责范围内的工作分成几个方面来陈述。

②纵向结构。适用于进行年度述职、阶段性述职的汇报者，具体可以按时间顺序分为几个工作阶段阐述，也可以把某项工作或任务按进度分阶段阐述，最后得出综合结论。

（3）结尾。结尾部分可以简述自我评价，适当对未来作出展望，注意控制篇幅。结语通常写"以上报告，请领导和同志们指正""以上是我的述职报告，谢谢各位""特此报告，请审查"。

3. 落款

在正文右下方署上述职人员的姓名及述职日期。例如"述职人：×××（职务）""××××年××月××日"。

3.6.4　述职报告写作的 3 大注意事项

1. 内容客观，实事求是

述职报告的内容要依据实际工作，体现客观真实，全面准确、重点突出。对于表述内容，要抓住重点，抓住最能显示工作成绩的大事件或关键事件；对于成绩，要评价正确、适当，不能故意夸大或缩小；对于缺点和不足，要叙述充分，不能掩盖或者轻视问题；对于责任的承担，要恰如其分、实事求是，既不争功，也不过度揽过；对于集体与个人的关系，不能把集体之功归于个人，也不要抹杀了个人的作用。

2. 突出个性，突出特色

述职报告的写作要注意一定的艺术性。即应当突出自己的工作特色，将自己独有的气质、风格呈现出来，让人耳目一新，让自己的述职报告脱颖而出。因此汇报者应当充分收集资料，充分认识自己的工作，把握不同岗位、不同工作阶段的细微差异，从新颖的角度提出精细化解决问题的思路、工作的方法，以体现汇报者的创新、开拓精神。切忌死板借鉴、套用他人的述职报告模板或写法。

3. 注意述职报告与工作总结的区别

述职报告与工作总结的异同如表 3-12 所示。

表 3-12　述职报告与工作总结的异同

异同	述职报告	工作总结
相同之处	二者都属于事务类文书，都是事后对汇报者自身的实践活动进行的回顾、反思与总结，对自身的工作进行自我评估，都要求内容的客观真实，都采用第一人称叙述	
不同之处	述职报告是群众评议组织、人事部门考核汇报者的重要依据，有利于汇报者进一步明确职责、厘清思路、总结经验、吸取教训、提高能力、改进工作，有利于营造民主监督的良好氛围	工作总结是总结出带有规律性的理性认识，以指导今后的工作，有助于克服工作中存在的问题，不断提高集体或个人自身的工作能力
	述职报告主要侧重回答汇报者有什么职责，履行职责的能力如何，是怎样履行职责的，称职与否等	工作总结主要写汇报人做了什么工作，取得了哪些成绩，有什么不足与问题，有何经验、教训，今后的工作设想等，其写作角度是全方位的
	述职报告主要采用夹叙夹议的写法，阐述履职的工作情况，说明履职的出发点和思路，需要注意语言的艺术性	工作总结主要运用叙述的方式和概括的语言，归纳工作结果

3.6.5　写作示范

述职报告的写作示范如下，供参考。

2022 年度抓基层党建工作述职报告

我是×××镇党委书记×××，现将我 2022 年度抓基层党建的工作情况简述如下。

一、履职情况

一是突出主责主业，落实党建责任。聚焦落实党委主体责任、第一责任人职责和一岗双责，多次主持召开专题会议部署研究，把党建重点任务细分成 90 余项责任清单，深入基层党组织把脉问策，抓实"小微权力清单运行"书记突破项目，清单事项实现流程化操作、提级管护。

二是突出问题导向，夯实基层基础。聚焦点评问题举一反三抓提升，制定党员发展、教育培训实施细则，常态化开展"集中申请入党"活动，壮大积极分子队伍，吸纳新党员；分层次分专题讲党课，通过集中交流+专题座谈、线上学+线下讲全方位教育培训；策划"庆七一·喜迎二十大"五大提升 16 项主题活动，沉浸式开展党性教育。

三是突出素质提升，建设过硬队伍。聚焦"分类推进、整体提升"出实招，精准划分示范村、创优村、强基村分类施策；打造提升党建示范点和党群服务中心；实施新任职支部书记跨村交流挂职和导师帮带工程，培养领航头雁；成立南高速卡点临时党支部，组建抗疫党员先锋队，成为××市"工业经济类"年轻干部实践锻炼基地。

四是突出党建引领，激发动能活力。聚焦三年强村计划抓突破，开展各类比武、观摩活动，大力培育集体经济增收项目和产业特色村；实施"村校企联建"三年行动，依托镇商会搭建政银企合作平台，持续提升党建组织力。

二、存在的主要问题

一是工作督导问效不够。对常规工作抓得多、创新工作抓得少，工作的预见性、系统性和前瞻性思考不深入。二是村级增收措施不精准。在促进村级集体经济增收、调动村干部的积极性主动性上用力不均，因地制宜抓发展思路少。三是党建引领网格治理有欠缺。网格党员力量整合、基层治理问题收集、疑难问题政策咨询功能发挥还有差距。

三、下一步工作措施

一是聚力压实责任。建立定期研究、调度、督查报告和汇报制度，持续深化下沉式一线工作法，定向调研、挂牌督导、专题约谈实现全覆盖，持续培育党建示范点，提升村级党建阵地规范化率。

二是聚力推进增收。围绕"抓党建、夯基础、促发展"，按照"一村一特色"产业发展路径，用足用好"三资"清理成果，走"一业主导、多元富民"增收路子。深入实施党组织引领农文旅融合项目，做大做强农产品加工企业，持续拓展增收渠道。

三是聚力淬炼队伍。用好党员冬训、干部讲坛、周六党员义务奉献日等载体，通过积分管理、民主评议等方式，加强对普通党员管理教育。强化完善基层网格整体服务功能和机制，实现功能提升全覆盖。加大后备村干部跟踪培养力度，建立完善村级后备人才库。

×××镇党委书记：×××

××××年××月××日

3.7　声明

声明是指就有关事项或问题向社会公众公开表态或说明的一种事务类文书。一般是针对最近发生的一些事情，表明自己的态度。声明与启事在写法和目的上是类似的，但声明所告知的事情相较之下显得更重要，站位也比较高。

3.7.1　声明的 4 大特性

声明的特性如表 3-13 所示。

表 3–13 声明的特性

特性	特性描述
严肃性	声明的措辞严谨，所陈述的事实客观准确，态度严肃、坚决，不模棱两可
针对性	声明的写作要指明具体的态度、立场、侵权行为或问题，具有针对性
警示性	一部分声明是为了防止侵权行为的发生或制止侵权行为而公开发表的，目的是达到警示作用，以维护自身的权利
说明性	一部分声明是为了澄清事实，消除公众的误会，引导公众正确认识某种事物的真相而发布的，因而声明具有说明性的特性

3.7.2　声明的 3 种类型

声明的类型如表 3-14 所示。

表 3-14　声明的类型

类型	类型描述
告启声明	告启声明是指单位或个人在丢失了重要的文件、证件、印章、凭证等物品后，为了防止被不法分子冒领冒用而导致自身和他人利益受损，用于提醒相关单位和个人注意的声明
警示声明	警示声明是为了防止或制止侵害行为的发生而发布的声明。警示声明可用于警示试图侵害者，也可用于告诫、提醒相关利益人，警示声明也适用于维护发布者自身的合法权益
澄清声明	澄清声明是指因与自己无关的行为或事件连累到了自身的声誉，进而影响到自己时发布的，旨在澄清事实，还自己清白。也可用于官方机构引导社会公众认识事情真相

3.7.3　声明的 3 大模块及写法

声明的结构一般由标题、正文、落款 3 个模块组成。

1. 标题

声明的标题一般有 5 种。

（1）由文种名称构成，只标"声明"二字；

（2）声明者名称 + 文种，如"中华人民共和国外交部声明"；

（3）事由 + 文种，如"遗失声明""致歉声明"等；

（4）修饰词 + 文种，如"严正声明""郑重声明"等；

（5）声明者名称 + 事由 + 文种，如"×××关于×××问题 / 事件的声明"。

2. 正文

声明的正文一般由两部分组成。

（1）缘由部分，说明事情或问题的起因、经过、危害等情况，让公众初步了解事件，这部分内容可自成段落，作为背景介绍。

（2）声明部分，是核心部分，要对上述情况表达严肃的态度，通常使用"为此，声明如下"和"特此声明"作为承启语和结语。

3. 落款

声明的落款标在正文右下方，写明发表声明的单位或个人名称以及日期。若标题中已出现单位名称，则落款处可以省略。

3.7.4 声明写作的 2 大注意事项

1. 语言规范，态度明确

声明用于庄严、郑重地公开表达自己的立场、态度，用于就某一事项或问题进行说明。因此，要注意语言分寸，做到语言规范、严格、谨慎、准确、得体。另外，表明的立场、态度要做到明确清晰。

2. 简明扼要，逻辑清晰

声明应当在行文简明扼要、陈述事实客观的基础上，直截了当地就有关事项和问题发表自己的意见，表明自己的态度，逻辑上应做到清晰严谨，不得重复啰唆、因果倒置、行文混乱。

3.7.5 写作示范

声明的写作示范如下，供参考。

声　明

近期，有不法分子冒用中国消费者协会和中国消费者协会工作人员名义，以退还相关教育培训课程费用为由，通过诱导消费者扫描二维码加入 QQ 群、下载非法 App、诱骗消费者购买假冒"国库券"等方式进行诈骗活动。该行为严重侵犯中国消费者协会名称权和商标权等合法权益，严重侵犯消费者财产安全，已涉嫌犯罪。

中国消费者协会严正声明，中国消费者协会依照法定程序和规则处理消费者投诉并依法维护消费者权益，工作人员不会通过私下建群、要求下载 App 或小程序以及收费或者要求消费者购买产品等方式处理消费纠纷。

中国消费者协会是依法成立的对商品和服务进行社会监督的保护消费者合法权益的公益性社会组织。中国消费者协会不从事商品经营和营利性服务，不收取费用或者以其他谋取利益的方式向消费者推荐商品和服务。除全国消协组织开展公益活动外，中国消费者协会从未授权或许可其他任何自然人、法人或者其他组织以任何形式使用"中国消费者协会"的名称和标志。

任何未经中国消费者协会授权或许可使用"中国消费者协会"名称和商标的行为，均构成侵权，由此产生的一切法律后果和责任均由侵权人承担。中国消费者协会保留通过法律途径依法追究相关侵权人法律责任的权利。

中国消费者协会提醒，请广大消费者对任何以退费等为由要求消费者再次付费或购买相关产品的行为提高警惕，严防上当受骗。如遇类似事件要及时向所在地公安机关报案。

中国消费者协会

××××年××月××日

3.8　启事

启事是行政机关、社会团体、企事业单位或公民个人向公众说明事宜、告知消息或请求协助时所使用的一种告知性文书。其内容通常是向大多数人公开的，是一种使用较为广泛的应用文种。

3.8.1　启事的 4 大特性

启事的特性如表 3-15 所示。

表 3-15　启事的特性

特性	特性描述
公开性	发布启事的目的是向大多数人说明事宜、告知消息或请求协助，其内容往往是不需要保密的，知道的人越多，越能够实现启事发布的目的
广泛性	启事的适用范围很广泛，发布启事可以用于招标、招聘、开业、征集信息、寻人寻物等各项事宜
回应性	启事是一种向大多数人发布的应用文书，在告知消息的同时，一般需要来自社会公众的回复与反馈，帮助启事发布者解决某些问题
简洁性	不管是用于何种目的的启事，都应注意核心内容要突出，避免启事的内容过于冗杂，使公众难以快速掌握启事的核心内容

3.8.2　启事的 4 种类型

启事的类型如表 3-16 所示。

表 3-16　启事的类型

类型	类型描述
寻找类启事	寻找类启事是以发布信息、获得他人协助、帮助发布者寻人寻物为目的的启事，如寻物启事、寻人启事、失物招领启事等
征招类启事	征招类启事是以征集物品或征求人员为目的的启事，如招聘启事、招生启事、征文启事、征婚启事等
通知类启事	通知类启事是以向社会公众告知事宜和信息为目的的启事，如开业启事、单位成立启事、迁址启事、庆典启事等
声明类启事	声明类启事是以完成特定的法律程序，通过公开声明，表明相关法律关系已与自己无关为目的的启事，如遗失启事、更正启事、公开道歉启事等

3.8.3　启事的 3 大模块及写法

启事的结构一般由标题、正文和落款 3 个模块组成，各模块写作思路如下。

1. 标题

标题，即启事的名称，要标明启事的事由。可以只写事由，如"寻人"；也可以既写事由又写文种，如"寻物启事"；还可以只写"启事"，但是这种形式使用较少，因为只写"启事"，别人难以直接了解启事的类型及目的，不利于引起重视。

2. 正文

启事的正文内容及格式通常没有严格要求，内容方面的要点在于写明启事的目的、内容、相关要求。格式方面可以不拘一格，能够突出启事的目的，简洁明了即可。

3. 落款

落款要写明启事的发布单位或发布个人的名称、联系方式、地址等。如果是以行政机关、社会团体、企事业单位的名义张贴的启事，还应加盖单位公章。

3.8.4　启事写作的 4 大注意事项

1. 寻找类启事要注意写明结构的特征

寻找类启事的目的是寻人寻物，在写作时首先要注意写清楚人或物遗失的大致时间和地点，缩小范围，其次还应写明人或物的具体特征。写特征时要突出显眼的、别人能够一眼就注意到的特征，如找人要突出年龄、身高、衣着等，找物要突出数量、颜色等。最后写明联系方式和酬谢相关事宜等。

2. 征招类启事要注意写清相关事项

征招类启事要注意根据启事的目的写清楚相关事项，如招聘启事要写清楚岗位职责、学历要求、工作经验要求、工作地点等事项，征文启事要写清楚征文主题、体裁、字数、截止日期、投寄地址、奖励设置、注意事项等事项。

3. 通知类启事要注意写清具体情况

通知类启事通常不需要收到相关的回应，如开业启事、单位成立启事、迁址启事、庆典启事等，都是告知公众相关的消息，写清楚具体的情况即可。

4. 声明类启事要注意写作需严谨

相比于其他类别的启事，声明类启事应用的场合或事件更为重要，写作时要注意用词准确、关系明晰，将想要表达的意思清晰、完整地表达出来。

3.8.5　写作示范

启事的写作示范如下，供参考。

“弘扬传统文化·增强文化自信”征文启事

中华文化博大精深，源远流长，为深入学习贯彻落实党的二十大精神，弘扬传统文化，推进文化自信自强，增强实现中华民族伟大复兴的精神力量。××区委宣传部与××区××日报社联合开展主题征文活动，欢迎广大群众、读者积极参与。具体要求如下。

一、本次征文活动主题为“弘扬传统文化·增强文化自信”。

二、征文内容要紧扣主题，列明观点，以传统文化为中心进行阐述，尽可能做到语言生动，富有感染力。文章可围绕传统文化与家乡、传统文化与自己、传统文化核心价值观等各个方面，突出弘扬传统文化对提升文化素养，增强文化自信的重要作用，展现传统文化对社会及个人得以全面发展的重要意义。

三、征文体裁不限，字数在 1400 字以内，诗歌不超过 40 行。

四、征文时间自即日起至××××年××月××日，将征文稿件发送至邮箱××baoshe@163.com，邮件主题栏请以“传统文化投稿＋文章标题＋作者姓名”形式注明，文稿主体以附件形式发送，必须是 Word 文档。逾期视作自动放弃参与本次活动。

五、奖项设置。

（一）一等奖 1 名，奖金 2000 元；

（二）二等奖 2 名，奖金 1500 元；

（三）三等奖 3 名，奖金 1000 元；

（四）优秀奖 5 名，奖金 500 元。

六、注意事项。

凡参与本次活动的投稿稿件为投稿作者本人原创，涉及版权问题由投稿人自行承担，投稿人投稿至邮箱参与本次活动后视为已阅读并同意遵守此注意事项。

×× 区委宣传部

×× 区 ×× 日报社

×××× 年 ×× 月 ×× 日

3.9　事务类文书常见场景与点睛金句

3.9.1　计划建议类

1. "为群众办实事，要让群众看得见、摸得着"

用法提示：这句话可以用于强调领导干部要立足本职工作扎扎实实为群众办实事、办好事，让群众看得见、摸得着、感受得到。

金句举例："为群众办实事，要让群众看得见、摸得着"。党员干部要提高政治站位，增强问题意识、责任意识、情感意识，立足本职为群众办看得见、摸得着、可感知的实事好事，推动党史学习教育成果转化深化，让人民群众真切感受到党史学习教育带来的新变化新气象。

2. "知之者不如好之者，好之者不如乐之者。"——《论语》

用法提示：这句话可以用于表达在工作中，只有注重实践和体验，才能真正理解和掌握知识。

金句举例："知之者不如好之者，好之者不如乐之者。"在工作中，我们只有在真正享受工作的过程中，才能更好地发挥自己的才能和优势；只有注重实践和体验，才能真正理解和掌握知识。

3. "天生我材必有用，千金散尽还复来。" ——李白《将进酒》

用法提示：这句话可以用于表达对自身才华和潜力的信心和自豪感。

金句举例：在工作中，我们要始终相信自己的才华和潜力，积极发挥自己的优势。正如李白所说："天生我材必有用，千金散尽还复来。"只要我们充分发挥自己的才华和潜力，就一定能够在工作中取得更加出色的成绩。

4. "不登高山，不知天之高也；不临深谷，不知地之厚也。" ——《荀子·劝学》

用法提示：这句话可以用于表达在工作中，只有勇于挑战和探索，才能发现更大的可能性。

金句举例："不登高山，不知天之高也；不临深谷，不知地之厚也。"在工作中，我们只有勇于挑战和探索，才能发现更大的可能性。只有不断挑战自己，才能取得更加出色的成绩。

5. "路漫漫其修远兮，吾将上下而求索。" ——屈原《离骚》

用法提示：这句话可以用于表达在工作中，要始终保持追求进步和发展的精神。

金句举例：如屈原所说："路漫漫其修远兮，吾将上下而求索。"在工作中，我们只有不断寻求发展的机会和可能性，始终保持追求进步和发展的精神，才能取得更加出色的成绩。

6. "三人行，必有我师焉。" ——《论语》

用法提示：这句话可以用于表达在工作中，要虚心学习和借鉴他人的经验和智慧。

金句举例："三人行，必有我师焉。"在工作中，我们要始终保持虚心学习的态度，借鉴他人的经验和智慧。只有不断学习和借鉴他人的经验，才能不断提高自己的能力和水平。

3.9.2 总结报告类

1. "岁月不居，时节如流。" ——孔融

用法提示：这句话可以用于表达对时间流逝的感慨。

金句举例："岁月不居，时节如流。"春节如期而至，在许多家庭的期盼中，人们迎来了相聚团圆。但还有一群人，他们抢工期、赶进度，带着对亲人与故土的思念，拼搏在施工生产一线，以"坚守"为新年起笔。

2. "不畏浮云遮望眼，自缘身在最高层。" ——王安石《登飞来峰》

用法提示：这句话可以用于表达要有远大的目标和强烈的自信心。

金句举例：在工作中，我们要有远大的目标和强烈的自信心，这样才能不断向更高的位置和更广阔的领域迈进。如王安石所说："不畏浮云遮望眼，自缘身在最高层。"只有坚定

自己的信念，才能在工作中不断前行，取得更加出色的成绩。

3. "欲穷千里目，更上一层楼。"——王之涣《登鹳雀楼》

用法提示：这句话可以用于表达要不断追求进步和完善自己。

金句举例：在工作中，我们只有不断追求进步和完善自己，才能在职业生涯中不断提高自己的能力。"欲穷千里目，更上一层楼。"只有不断向更高的目标迈进，才能最终实现自己的理想。

4. "不以物喜，不以己悲。"——范仲淹《岳阳楼记》

用法提示：这句话可以用于表达在工作中，要保持客观和冷静的态度。

金句举例："不以物喜，不以己悲。"在工作中，我们要始终保持客观和冷静的态度。只有持有客观的态度，才能更好地应对各种复杂的情况，取得更加出色的成绩。

5. "历览前贤国与家，成由勤俭破由奢。"——李商隐《咏史二首·其二》

用法提示：这句话可以用于表达在生活中要注重勤俭和节约。

金句举例：在生活中，我们要注重勤俭，厉行节约，坚决反对奢靡之风。正如李商隐所说："历览前贤国与家，成由勤俭破由奢。"只有通过勤俭节约，保持良好的生活习惯和经济状况，才能更好地实现自己的人生价值。

3.9.3　述职报告类

1. "书山有路勤为径，学海无涯苦作舟。"

用法提示：这句话可以用于表达在学习和成长中，要不断努力。

金句举例：在学习和成长中，我们要不断努力。正所谓"书山有路勤为径，学海无涯苦作舟"，只有通过不断地勤奋和努力，才能在学习和成长中取得更好的成绩。

2. "学而时习之，不亦说乎。"——《论语》

用法提示：这句话可以用于表达在工作中，要坚持不断地学习和实践，从而找到学习与成长的快乐。

金句举例："学而时习之，不亦说乎。"在工作中，我们只有始终坚持不断学习、不断实践，才能真正提高自己的能力和水平，从而找到学习与成长的乐趣。

3. "学而不思则罔，思而不学则殆。"——《论语》

用法提示：这句话可以用于表达在工作中，要始终保持学习和思考的态度。

金句举例：在工作中，我们要始终保持学习和思考的态度，正如《论语》所说："学而不思则罔，思而不学则殆。"只有不断地保持学习和思考，才能不断提高自己的能力。

4."知识就是力量。"——培根

用法提示：这句话可以用于表达在工作中，要注重学习和知识积累。

金句举例：在工作中，我们要不断注重学习和知识积累。正如培根所说："知识就是力量。"只有具备充足的知识储备，才能在工作中更好地发挥自己的能力和智慧。

5."学然后知不足，教然后知困。"——戴圣《礼记》

用法提示：这句话可以用于表达在学习和教育中，要保持不断探索和进取的态度。

金句举例：在学习和教育中，我们要保持不断探索和进取的态度。正如《礼记》所说："学然后知不足，教然后知困。"只有不断地学习和探索，才能更好地掌握知识和技能，不断提高自己的能力。

6."吾生也有涯，而知也无涯。"——《庄子》

用法提示：这句话可以用于表达在学习和成长中，知识的无限性和不断追求知识的重要性。

金句举例：在学习和成长中，我们要认识到知识的无限性和不断追求知识的重要性。正如庄子所说："吾生也有涯，而知也无涯。"只有不断追求、不断学习，才能不断提升自己的水平和素养。

7."三军可夺帅也，匹夫不可夺志也。"——《论语》

用法提示：这句话可以用于表达在追求理想和抱负时，要始终坚定自己的信念。

金句举例：在追求理想和抱负时，我们要始终坚定自己的信念。正如《论语》所说："三军可夺帅也，匹夫不可夺志也。"只有坚定不移地追求自己的理想和目标，才能实现人生的价值和意义。

8."三更灯火五更鸡，正是男儿立志时。"——颜真卿

用法提示：这句话可以用于表达人在青年时期，要珍惜时间、追求梦想。

金句举例：在青年时期，我们要珍惜时间、追求梦想。正如颜真卿所说："三更灯火五更鸡，正是男儿立志时。"只有在青年时期积极行动，努力追求自己的梦想和目标，才能在人生中取得更多的成就和更大的进步。

3.10 AIGC工具在事务类文书写作中的应用

很多 AIGC 工具（如 MM 智能助理、文心一言、360 智脑、讯飞星火、智谱清言等）都可以应用于事务类文书的写作，如简报、启事、声明、述职报告、申请书等。这些工具可以

帮助公文写作者快速生成高质量的文本，提高工作效率。以下是具体使用方法：

（1）选择合适的 AIGC 工具：首先，选择一个功能强大、易于使用的 AIGC 工具，如 MM 智能助理。

（2）数据输入：在工具中输入与写作主题相关的关键词、描述或背景信息，为其提供足够的数据来理解写作需求。

（3）生成文本：在工具中输入所需的文本长度、风格等因素，点击"生成"按钮，AIGC 工具将根据输入的数据生成一篇高质量的事务类文书。

（4）审阅与修改：在生成文本的基础上，公文写作者可以根据需要对文本进行审阅和修改，以确保文本的质量和准确性。

（5）保存与分享：编辑完成后，可以将生成的文本保存为所需的格式（如 Word、PDF 等），并分享给相关人员。

需要注意的是，虽然 AIGC 工具可以帮助用户快速生成高质量的文本，但在使用过程中仍需注意文本的准确性和合规性，避免因不当使用导致的法律风险。

表 3-17 是一些常用的 AIGC 工具的使用方法的表格总结。

表 3–17 常用 AIGC 工具使用方法

工具名称	使用方法
MM 智能助理	1. 打开 MM 智能助理的网站或 App 2. 选择事务类文书类型 3. 输入关于标题、正文等的必要信息 4. 上传相关文件或图片 5. 选择合适的模板和样式，调整格式和版式 6. 完成写作后，可直接导出为 Word 或 PDF 格式
文心一言	1. 在文心一言的网站或 App 中输入与标题和正文相关的内容 2. 选择合适的话题和领域 3. 根据需要选择文本的长度、语言和表达方式 4. 完成写作后，可直接导出为 Word 或 PDF 格式
360 智脑	1. 打开 360 智脑的网站或 App 2. 选择事务类文书类型 3. 输入关于标题、正文等的必要信息 4. 上传相关文件或图片 5. 选择合适的模板和样式，调整格式和版式 6. 完成写作后，可直接导出为 Word 或 PDF 格式
讯飞星火	1. 在讯飞星火的网站或 App 中输入与标题和正文相关的内容 2. 选择合适的话题和领域 3. 根据需要选择文本的长度、语言和表达方式 4. 完成写作后，可直接导出为 Word 或 PDF 格式

续表

工具名称	使用方法
智谱清言	1. 打开智谱清言的网站或 App 2. 选择事务类文书类型 3. 输入关于标题、正文等的必要信息 4. 上传相关文件或图片 5. 选择合适的模板和样式，调整格式和版式 6. 完成写作后，可直接导出为 Word 或 PDF 格式

　　以上表格总结了这些 AIGC 工具的使用方法，包括选择工具、输入与标题和正文相关的内容、选择话题和领域、调整格式和版式、导出文档等步骤。公文写作者可以根据自己的需求选择适合自己的工具，并参考表格中的步骤进行操作。

第 4 章
经济类文书

4.1　经济合同

　　经济合同是为了在经济合作中实现共同的经济利益或目的，由两个或两个以上的民事主体订立的协议，其主要目的是设立、变更或终止民事主体间的民事法律关系。依法订立的经济合同受到法律的保护。

4.1.1　经济合同的 9 种类型

　　经济合同的类型如表 4-1 所示。

表 4-1　经济合同的类型

类型	详细描述
购销合同	供需双方签订的合同，约定供方交付产品、需方支付价款，常用类型包括供应合同、采购合同、预购合同、购销结合合同及协作合同等
工程承包合同	工程发包单位与承包单位签订的合同，约定双方在施工过程中的权利、义务
加工承揽合同	承揽方和委托方签订的合同，约定承揽方完成委托方指定的工作，委托方接收承揽方工作成果并支付一定报酬
货物运输合同	承运人与托运人签订的合同，约定承运人将承运的货物运送到指定地点，托运人支付相应报酬
财产保险合同	投保人与保险人签订的合同，约定投保人向保险人缴纳保险费，当保险事故发生导致投保人财产或利益受损时，保险人在保险责任范围内承担赔偿责任，或在约定期限届满后，保险人承担给付保险金的责任

续表

类型	详细描述
科技协作合同	技术转让方与技术受让方签订的合同，约定完成某一科学技术项目过程中双方的权利义务关系
对外商品贸易合同	出口方与进口方签订的合同，约定双方在商品交换过程中的权利与义务
补偿贸易合同	由不同国籍的贸易双方当事人签订的合同，约定补偿贸易的方式、方法、基本权利义务
代理协议	出口企业与代理商签订的合同，约定双方的权利和义务

4.1.2 经济合同的写作模板

以下是合同模板，供参考。

×××公司库房租赁合同

出租方（甲方）：＿＿＿＿＿＿＿＿＿＿＿＿＿＿＿＿

承租方（乙方）：＿＿＿＿＿＿＿＿＿＿＿＿＿＿＿＿

依据《中华人民共和国民法典》等法律法规的规定，甲乙双方在平等、自愿、互惠、诚实、信用的基础上，经友好协商，特签订本合同。

一、库房情况

甲方将位于＿＿＿＿＿＿＿＿＿＿＿＿，面积为＿＿＿＿平方米的库房，租赁给乙方。本库房的功能为＿＿＿＿＿＿＿＿＿＿＿＿，若乙方变更使用功能，须经甲方书面认同后，方可进行。变更使用功能所需的全部费用由乙方自行承担。

二、租赁期限

1.租赁期限为＿＿年，自＿＿年＿＿月＿＿日起，至＿＿年＿＿月＿＿日止。

2.××

三、交付情况

××

四、租金

××

五、装修条款要求

××××××××××××××××××××××××××××
×××××××××××××××××××××××××

六、转租说明

××××××××××××××××××××××××××××
×××××××××××××

七、合同解除

××××××××××××××××××××××××××××
×××××××××××××××

八、免责条款

××××××××××××××××××××××××××××
××××××××××××××××

九、合同终止

××××××××××××××××××××××××××××
××××××××××××××××

十、争议处理

本合同在履行中发生争议，应由双方协商解决；协商不成，双方均可申请仲裁，或向甲方所在地的人民法院提起诉讼。

十一、其他说明

本合同未尽事宜，经双方协商一致后，可另行签订补充协议。本合同一式两份，甲、乙双方各执一份，本合同经双方签字盖章后生效。

甲方（盖章）：＿＿＿＿＿＿　　乙方（盖章）：＿＿＿＿＿＿

法定代表人：＿＿＿＿＿＿　　　法定代表人：＿＿＿＿＿＿

地　　址：＿＿＿＿＿＿　　　　地　　址：＿＿＿＿＿＿

联系电话：＿＿＿＿＿＿　　　　联系电话：＿＿＿＿＿＿

日　期：＿＿年＿月＿日　　　　日　期：＿＿年＿月＿日

4.1.3　经济合同的写作步骤

经济合同的写作步骤如表 4-2 所示。

表 4-2　经济合同的写作步骤

步骤	具体说明
第 1 步	明确合同性质、合同订立背景、合同行为是否合法，确定签订合同的双方主体，并充分了解双方主体的实际情况（资质、履约能力等）
第 2 步	明确合同的主体内容，一般包括合同双方的名称或者姓名，住所，标的，数量，质量，价款或者报酬，履行期限，地点和方式，违约责任，解决争议的方法等，具体内容可由合同订立双方约定调整
第 3 步	明确双方的权利与义务的分配，仔细梳理合同里的风险点，制定相应的风险控制措施

4.1.4　经济合同写作的 3 大注意事项

1. 过程规范

在订立合同时应确保其有效性、合法性、合理性。订立合同的相关主体需具备相应的民事权利能力和民事行为能力，合同所涉及的内容必须符合法律规范以及国家相关的政策法规，合同应在平等、自愿、诚信、协商一致的原则下订立。

2. 内容完整

合同内容要完整、全面。合同中必备的组成部分、关键条款不可缺失、遗漏。

3. 用语简洁

合同所用语句要简洁、精练。合同的语句表达要注意言简意赅、明确具体、严谨精确、逻辑合理，切忌使用含义不清的词语。

4.1.5　写作示范

合同的写作示范如下，供参考。

×××企业物品采购合同

买方（甲方）：_____

卖方（乙方）：_____

根据《中华人民共和国民法典》及相关法律法规的规定，双方本着友好协商、平等自愿的原则就甲方采购有关事宜，特签订本合同。

一、采购内容

甲方采购的物品明细如下表所示。

采购物品明细表

序号	物品名称	规格型号	单位	数量	金额	备注
合计						——

二、质量要求

乙方向甲方提供的产品应为正规合格产品，其质量标准应当符合国家及行业相关标准，乙方交付的货物应附带产品说明书、质量合格证明、使用手册等相关技术资料及文件。

三、付款方式

甲方在乙方采购并安装调试后且验收合格之日起 ___ 个工作日内全额付款。乙方应向甲方提供等额正规商业发票。

四、包装、运输及保险

1. 乙方负责办理采购物品的运输及保险相关事宜，并负担由此产生的一切费用。

2. 乙方应当对甲方购买的物品进行合理的包装，做好相关的防潮、防雨、防震、防锈等措施，保障物品到达甲方时能完好无损且符合甲方的要求。

3. 由于乙方包装不善，及采取不完善的防护措施而造成的物品损坏，乙方应承担由此发生的一切损失。

五、交货时间、地点及方式

1. 交货时间：采购物品需于 ___ 年 __ 月 __ 日前交货。

2. 交货地点：____ 工业园区。

3. 交货方式：乙方负责送货并负责安装及调试。

六、安装、调试及验收

1. 乙方承担采购物品的安装、调试工作，且费用应包含在合同总价中。

2. 乙方安装调试完成后，甲方在 ___ 个工作日内进行验收。对于验收合格的，由双方签订验收合格证明文件；对于验收不合格的，乙方应在 ___ 日内完成修理、更换或重新采购，直至满足合同要求，通过最终验收为止。

七、售后服务

1. 此条款为本合同的重要组成部分，乙方应认真履行本条款。

2.乙方承诺对其提供的产品实行 ___ 年保修，保修期从 ___ 之日起算。在保修期内，乙方应认真履行保修及维修义务。

3.保修期间除因甲方原因造成的问题外，一切费用由乙方承担。如因甲方的过错，造成采购物品的故障或损坏，甲方承担相关备件的费用。

八、双方权利及义务

（一）甲方的权利和义务

1.甲方应当按照合同规定支付采购物品价款。

2.甲方应当按照合同约定接受乙方采购的物品。

3.甲方发现乙方采购的物品与合同规定不相符时，应及时通知乙方。

（二）乙方的权利和义务

1.乙方应按合同约定交付标的物并转移标的物的所有权。

2.乙方应按合同约定的数量、质量、期限和地点交付标的物，不得以任何理由拖延或拒绝交货。

3.乙方应承担标的物的瑕疵担保责任（包括品质上的和权利上的瑕疵）。

九、违约责任

1.乙方应按合同规定向甲方交付符合质量要求的产品，每延迟交付一天，应按合同总金额的 ___ ％向甲方支付违约金。如因延迟交付给甲方造成经济损失，乙方还应按甲方的实际损失额进行赔偿。

2.甲、乙双方中任何一方提出提前解除合同，应向守约方支付合同总金额的 ___ ％的违约金。若因提前解约给守约方造成损失，解约方还应赔偿其实际损失。

十、不可抗力

1.因不可抗力事件产生的责任按照相关法律法规办理。

2.因不可抗力造成的违约，可视不可抗力的影响免除相关方的全部或部分责任；但是法律另有规定或不可抗力发生在迟延履行后，不能免除相关方的责任。

十一、解决争议的方式

因本合同发生争议，双方首先应当本着友好协商的方式解决；协商不成的，任何一方均可向甲方所在地的法院提起诉讼。

十二、其他说明

1.如双方达成补充协议，则补充协议为合同的一部分，具有同等效力；补充协议与本合同不一致的，以补充协议为准。

2.本合同一式两份，具有同等的法律效力，甲、乙双方各执一份。

```
        甲方（盖章）：_____         乙方（盖章）：_____
        签约代表：_____         签约代表：_____
        开 户 行：_____         开 户 行：_____
        账   号：_____         账   号：_____
        联系电话：_____         联系电话：_____
        日   期：___年__月__日        日   期：___年__月__日
```

4.2　广告文案

广告文案是一种以消费者为对象，以各种媒体为载体，以推销产品、提供服务、塑造形象、促进销售等为主要目的，向消费者传播信息，激发消费者兴趣与消费需求的一种实用文体。

4.2.1　广告文案的格式

广告文案的格式如下，供参考。

×× 汽车的广告文案

```
    标题：×××××××××××××××
    正文：×××××××××××××××××××××××××××
×××××××××××××××××××××××××××××××××
×××××××××××

    随文：×××××××××××××××××××××××××××
×××××××××××××××××××××××××××××××××
×××××××××××××××××××××××××××××××××
×××××××××××××××××××××××××××××××××
×××

    广告语：××××××××××××××××××××××××
××××××
```

4.2.2　广告文案的 5 大写作要求

广告文案的写作要求如表 4-3 所示。

表 4-3　广告文案的写作要求

写作要求	详细描述
主题明确	广告文案要突出产品、服务、形象等最具特色、最希望为人所知的内容，使主题、定位、创意可以第一时间被广告受众所了解
语言规范	广告文案要注意语言表达的规范性，用语要准确，避免产生歧义或造成误解
言简意赅	广告文案要精确概括，不要长篇大论，用简单的语言将产品信息表述完整
富有创意	广告文案的语言表述要做到生动形象，最好能够在文字表达的基础上加上图像表述，广告受众更容易记住形象生动、新奇、有创意的内容
便于记忆	广告文案应使用便于理解、记忆的词语，这样更加有利于广告内容的传播，提升广告的效果

4.2.3　广告文案的 4 大写作步骤

广告文案的写作步骤如表 4-4 所示。

表 4-4　广告文案的写作步骤

步骤	具体说明
第 1 步	充分了解广告文案所要宣传的主体的详细情况，确定广告的宣传目的、受众群体、传播媒介
第 2 步	寻找广告文案所宣传的主体具有的差异化特点，并以这种差异化特点为核心，设计初步的产品广告文案，文案要做到简洁、具体，用创意来突出差异化特点
第 3 步	评估初步设计好的广告文案，对问题之处进行修改，使之标准化、创意化
第 4 步	检查产品广告文案是否涵盖"标题 + 正文 + 广告语"这三个核心内容，并根据实际情况考虑是否添加随文

4.2.4　广告文案写作的 3 大注意事项

1. 了解目标受众

在撰写广告文案之前，要深入了解目标受众的特征，包括他们的年龄、性别、兴趣、购买习惯等。这有助于确定文案的语气、风格和用词，确保信息能够准确传达给目标受众。

2. 突出产品独特性

广告文案的用语要有特色，不能适用于大多数产品，要明确阐述产品的独特卖点，使其与竞争对手区分开来。

3. 文案简洁、便于理解

广告文案需要创意，但不能因创意使内容难以理解，不能让消费者对广告文案产生疑惑甚至是产生思考，这样不利于引起消费者注意。

4.2.5 写作示范

广告文案的写作示范如下，供参考。

×× 品牌"长白雪"系列矿泉水广告文案

标题：长白雪——天然雪山矿泉水

正文：

2020年9月18日，长白山下了第一场雪，此后的9个月，这里将被冰雪覆盖。

公元前7世纪，古希腊哲学家泰勒斯说，水是一切生命的起源。在长白山，雪是所有生命的起源。

厚达两米的积雪，会用几个月时间，融化成水，透过土壤，渗入玄武岩山体；再经历30到60年的融滤净化，变成泉水，滋养长白山2806种野生植物，1588种野生动物。

水，在这里更新循环；生命，在这里更迭繁衍。你喝到的水，是长白山松软雪花的味道。什么样的水源孕育什么样的生命，长白雪——天然雪山矿泉水。

随文：略

广告语：什么样的水源孕育什么样的生命。

4.3 产品说明书

产品说明书，也叫商品说明书，是商品的生产厂商为销售、推广、介绍、说明其产品而附在产品包装内部或外部的一种宣传性资料，主要用于说明产品的结构、功能、性状、用途、使用和保管方法、注意事项等。

4.3.1 产品说明书的3大特性

产品说明书的特性如表4-5所示。

表 4-5 产品说明书的特性

特性	特性描述
真实性	产品说明书中介绍的产品成分、操作或使用方法等内容必须准确、真实、客观，尤其是药物说明书，若描述的构成成分、使用方法有错误，其后果可能十分严重
实用性	对消费者而言，产品说明书最重要的作用就是实用，所以产品说明书往往需要注意把握内容的侧重点，突出重点内容，避免内容冗杂
准确性	产品说明书在介绍产品和操作方法时，往往会分条列项，逐段说明，力求描述准确，逻辑清晰

4.3.2 产品说明书的 4 大作用

产品说明书的作用如表 4-6 所示。

表 4-6 产品说明书的作用

作用	说明
说明指导	产品说明书为消费者提供了产品的使用指导，降低了消费者在使用产品的过程中发生风险的可能性
宣传促销	产品说明书起到对产品推广宣传的作用，产品说明书的内容会影响消费者对产品质量、产品制造商的认识与评价
信息载体	产品说明书是产品制造商向消费者传达产品信息的载体
强制指令	通常情况下，消费者必须按照产品说明书的要求对产品进行使用

4.3.3 产品说明书的 4 大模块及写法

产品说明书的结构一般由标题、正文、落款和其他标志 4 个模块组成，各模块写作思路如下。

1. 标题

产品说明书的标题大多放在正文上方正中处，常见形式有"×××使用说明书"，或直接以商品名称为题，如"××牌保温壶使用说明书""××牌水杯使用说明书"。

2. 正文

正文是产品说明书的主体，一般包括产品性能、特征、用途、使用方法、保养维修方法和注意事项等方面的内容，这些内容可根据不同的商品性质或特点有所侧重或省略，也可以采用多种写作手法，增强其可读性。

3. 落款

落款应写明生产单位或经销单位名称、地址、邮政编号、投诉电话等，以便消费者或者有关部门进行联系。

4. 其他标志

如使用商标、保修期限、保修条款、批准文号、认证标志、生产日期、编号、有效期等。

4.3.4　产品说明书写作的 3 大注意事项

1. 特点突出

写作产品说明书时要明确产品的特点和受众群体，根据产品特点调整产品说明书的内容安排，注意重点突出，详略得当，使消费者能够了解产品的特点。

2. 目的明确

产品说明书侧重实用，所以除介绍产品的优点和作用，还要说明产品的性质、构成、使用说明、注意事项等与使用有关的内容，不能侧重于只宣传产品。

3. 表达简明

产品说明书的语言要通俗、简明，要让不同文化层次的人都能看懂。

4.3.5　写作示范

产品说明书的写作示范如下，供参考。

维 C 银翘片说明书

【药品名称】维 C 银翘片

【主要成分】金银花、连翘、荆芥、淡豆豉、淡竹叶、牛蒡子、芦根、桔梗、甘草、马来酸氯苯那敏、对乙酰氨基酚、维生素 C、薄荷油。辅料为淀粉、倍他环糊精、硬脂酸镁、蔗糖、滑石粉、明胶、柠檬黄、亮蓝、虫白蜡。

【性状】本品为糖衣片，除去糖衣后为灰褐色，偶有少许白色斑点，或显灰褐色与白色或淡黄色层；气微，味微苦。

【功能主治】辛凉解表，清热解毒。用于流行性感冒引起的发热头痛、咳嗽、口干、咽喉疼痛。

【用法用量】口服，一次 2 片，一日三次。

【不良反应】可见困倦、嗜睡、口渴、虚弱感；偶见皮疹、荨麻疹、药热及粒细胞减少；长期大量用药会导致肝肾功能异常。

【禁忌】严重肝肾功能不全者禁用。

【注意事项】

1. 忌烟、酒及生冷、辛辣、油腻食物。

2. 不宜在服药期间同时服用滋补性中成药。

......

【储藏】避光、密封。

【包装】玻璃瓶装，18 片 / 瓶 / 盒。

【有效期】24 个月

【执行标准】WS3-B-××××-××-××××

【批准文号】国药准字 ×××××××××

【生产企业】××× 制药有限公司

4.4 招标书

招标书，又称招标公告、招标启事，是招标人为了征招承包者或合作者，通过网络、报刊、电视等传播媒介对招标的有关事项和要求作出解释和说明的一种实用性文书。

4.4.1 招标书的 4 大特性

招标书的特性如表 4-7 所示。

表 4–7 招标书的特性

特性	特性描述
明确性	招标书对招标项目情况、招标要求、技术质量要求等重点内容的表达要具有针对性，不能言辞模糊，表意不清
规范性	招标书的内容要合理合法，符合国家的有关规定
具体性	招标书内容要完整、全面，写清楚招标项目情况、招标要求等内容，切忌疏忽遗漏
竞争性	制作招标书的目的是选择最优的投标人

4.4.2　招标书的写作模板

招标书的模板如下，供参考。

×××公司招标书

一、招标项目概况

××

二、投标时间和地点

1.投标时间：×××××××××××××××××××××

2.投标地点：×××××××××××××××××

三、投标方的基本要求

××××××××××××××××××××××

四、投标人资质

1.×××××××××××××××××××××××

2.×××××××××××××××××××××××

五、投标资格文件

1.×××××××××××××××××××××××

2.×××××××××××××××××××××××

六、投标保证金

1.×××××××××××××××××××××××

2.×××××××××××××××××××××××

七、开标和评标

1.开标时间：×××××××××××××××××××

2.开标地点：×××××××××××××××××××

3.×××××××××××××××××××××××

八、中标通知

××××××××××××××××××××××

九、签订合同

×××××××××××××××××××××××

十、投标人可就本招标文件的内容和招标过程中的相关行为＿＿＿提出投诉。

```
十一、招标联系事项
招标单位：×××公司
联系地址：××××××
联 系 人：××× 先生 / 女士
电　　话：××××××××××
电子邮件：××××××××
```

4.4.3　招标书的 2 大模块及写法

招标书的结构一般由标题和正文 2 个模块组成，各模块写作思路如下。

1. 标题

招标书的标题一般由"单位名称 + 招标项目 + 文种"构成，如"×××公司设备采购项目招标书"；或由"单位名称 + 文种"构成，如"×××××× 公司招标书"。

2. 正文

招标书的正文一般由前言、主体和结尾组成。

（1）前言。前言要注意说明招标依据、招标目的、项目名称、资金来源、招标范围等基本招标信息。

（2）主体。招标书的主体包括招标项目概要和招标程序两部分内容。招标项目概要应使用准确、简洁的语言对招标方式、招标范围、招标条件和要求等内容进行描述。招标程序要清晰、完整。

值得注意的是，招标项目不同，其内容与要求也不同。如建设项目类招标书中应写明工程名称、面积、地址、工期等内容；大型商品交易招标书中应写明商品的名称、数量、规格、型号、交货期等内容；此外，招标书中还应写明招标文件的发送或发售方式、价格、时间、地点、投标截止日期，以及开标时间和地点等内容。

（3）结尾。结尾要写明招标单位的名称、地址、法人代表，以及招标书的成文日期，还需要在招标单位的名称处加盖公章，必要时还可写上开户银行及账号。

4.4.4　招标书写作的 3 大注意事项

1. 严谨可行

招标书是一种具有法律效力的文件，所以招标书里提到的要求应符合国家有关法律法规、政策规定，招标书的内容和措辞应周密严谨。

2. 重点明确

标的是招标书的核心内容，与标的相关的内容必须写得清晰，切忌疏忽遗漏。

3. 用语简明

招标书的语言，不管是定性语言还是定量语言，都应准确无误、避免歧义。

4.4.5 写作示范

招标书的写作示范如下，供参考。

×××工厂设备采购招标书

一、招标项目概况

×××厂就×××设备的购买实施招标，现请愿意参加投标的企业按照本招标文件的规定提交投标文件。设备简介及本次招标发包的合同范围详见"技术条款"。合同名称为＿＿＿＿＿＿，编号为＿＿＿＿＿＿＿。

二、交货期

合同生效后＿＿个月内。

三、投标时间和地点

1. 投标时间：××××年××月××日至××××年××月××日。

2. 投标地点：＿＿＿＿＿＿＿＿＿＿＿＿＿。

四、投标方的基本要求

投标方为合法、独立的企业法人单位，具有履行合同所需的财务、技术和生产能力。

五、投标人资质

1. 具有独立订立合同的权利。

2. 在专业技术、设备设施、人员组织、业绩经验等方面具有设计、制造、质量控制、经营管理的相应资格和能力。

3. 具有完善的质量保证体系。

4. 具有1台到2台与招标设备相同或相近设备的2年以上良好的运行经验，在安装调试运行中未发现重大的设备质量问题或已有有效的改进措施。

5. 具有良好的银行资信和商业信誉，没有处于被责令停产，财产被接管、

冻结、破产状态。

六、投标资格文件

1. 投标方承诺函。

2. 投标方法定代表人授权委托书。

3. 投标方资格、资信证明文件，包括关于投标人资格的声明函、企业法人营业执照（工商局复印件）、生产许可证及有关鉴定材料、工厂简介（包括组织机构、生产能力、设备、厂房、人员等）、质量保证体系及其质量认证证明、近三年资产负债表、利润及利润分配表、经营状况（包括销售额）等、银行资信证明、业绩及目前正在执行合同情况（包括完成情况和出现的重要质量问题及改进措施）、近三年由于经济行为所受到的起诉情况。

4. 关于投标资格文件的说明，包括以下四个方面。

（1）投标方应按招标文件全部要求提供投标书和资料，否则投标无效。

（2）投标文件的组成：由投标书和投标资格证明文件组成。

（3）投标报价：投标方只允许有一种报价，招标方不接受任何选择价。

（4）投标文件的签署及规定。

① 投标文件需由投标方法定代表人或经正式授权的投标方代表签字。

② 投标人应提供一份正本和三份副本，并在每份投标文件上注明"正本"和"副本"字样。若正本与副本不符，以正本为准。

5. 投标文件的修改：除投标方对错处作必要修改外，投标文件中不允许有加行、涂抹或改写的情况。若有修改，须由签署投标文件的人签字并盖章。

6. 投标文件的密封和标记。

（1）投标方要将投标文件用信封密封，并在信封上写明招标编号，投标品种及规格，投标者的名称、地址、电话、邮编，同时注明"开标时启封"字样，并加盖投标方公章。

（2）如果未按上述规定进行密封和标记，招标方对投标文件的误投或提前拆封概不负责。

7. 投标文件的递交。

投标方要在×××年××月××日 17：00 前将投标文件以专人递交的方式交至招标方，本次招标不接收以其他方式递交的投标文件。

8. 投标文件的修改和撤销。

（1）投标方在提交投标文件后可对投标文件进行修改或撤销，但招标方须在投标截止时间之前收到该修改或撤销的书面通知，该通知须由投标方法定代表人或经正式授权的投标方代表签字。

（2）本次招标对所有的投标文件一律不予退还。

（3）招投标双方应分别为对方在投标文件和招标文件中涉及的商业和技术等秘密承担保密义务，违者应对由此造成的后果承担责任。

七、投标保证金

1.投标方在递交投标文件的同时要缴纳 _____ 元的投标保证金。

2.投标方中标后，未履行招标文件要求，或由于投标方单方原因造成弃标，保证金不予退还。

3.投标方履行招标文件规定，中标后与招标方签订采购合同后，招标方退还全额投标保证金。

4.对未中标的投标方，在确定中标人之后，三日内将投标保证金全额退还。

八、开标和评标

1.开标时间：×××年××月××日。

2.开标地点：××中心×楼。

3.由招标方召集评标委员会进行评标，对所有投标方的评估都采用相同的程序和标准，评标严格按照招标文件的要求和条件进行。对同一品种，招标方有权确定两个或两个以上中标人。

4.投标方报价相同时考虑下列因素选择中标方：

（1）付款时间和方式。

（2）售后服务。

5.投标方不得干扰招标方的评标活动，否则将取消其投标资格。

九、中标通知

评标结束后三日内，招标方将以书面形式发出"中标通知书"。"中标通知书"将作为签订采购合同的依据，同时对未中标方发出未中标通知。

十、签订合同

中标方在接到中标通知后三日内到招标方单位与招标方签订采购合同。投标文件和中标通知书作为签订合同的依据。

十一、投标人可就本招标文件的内容和招标过程中的相关行为 _____ 提出投诉。

招标单位：×××工厂

联系地址：×××广场×××大厦××楼

联 系 人：×××先生

电　　话：××××××××××

电子邮件：×××××××××××

4.5　投标书

投标书又称投标说明书,简称标书或标函,是投标方对招标书提出的要求进行响应的文书。投标书是投标方根据招标文件所编写的文书,投标书中会提出具体的标价和有关内容来进行竞标,其内容具有法律效力。

4.5.1　投标书的 3 大特性

投标书的特性如表 4-8 所示。

表 4-8　投标书的特性

特性	特性描述
针对性	投标书内容须严格根据招标书的内容和要求制作
求实性	投标书的内容,如对投标项目的分析、对招标项目作出的承诺等,必须保证其真实性,不可弄虚作假
合约性	投标书中的条件、条款具备合约的性质,招投标双方都必须遵照执行

4.5.2　投标书的主要类型

投标书的类型如表 4-9 所示。

表 4-9　投标书的类型

划分依据	类型描述
投标主体	个人投标书、合伙投标书、集体投标书、全员投标书和企业(或企业联合体)投标书等
性质和内容	工程建设项目投标书、大宗商品交易投标书、选聘企业经营者投标书、企业承包投标书、企业租赁投标书、劳务投标书、科研课题投标书、技术引进或转让投标书等

4.5.3　投标书的 5 大模块及写法

投标书的结构一般由标题、主送单位、正文、落款和附件 5 个模块组成,各模块写作思路如下。

1. 标题

投标书的标题一般由"投标方名称 + 项目名称 + 文种"构成,其中投标方名称和项目名称可省略。

2. 主送单位

写明招标单位名称。

3. 正文

投标书正文一般由前言和主体组成。

（1）前言。主要介绍投标人的基本情况，需详细阐述企业名称、性质、规模、资质等级、技术力量、应标能力、对所投标项目的态度、投标依据等。

（2）主体。主体是投标书的重点，必须实事求是地写明投标项目的具体内容和指标，实现指标的具体措施、需特殊说明的应标条件和事项。投标项目不同，投标书的内容也不同，但是投标书的内容必须严格与招标书的内容与要求相对应。

4. 落款

落款需写明联系方式、日期等。尤其要注意写清投标人的名称、法人代表以及单位地址、电话等，并注明标书制作日期，投标人名称处需要加盖公章。

5. 附件

投标书的附件内容要根据实际内容确定。附件的内容可能包括资格审查文件、工程量清单、投标报价表、分项标价明细表、设备标价明细表、材料清单、技术规格、有关图纸和表格、担保单位的担保书、银行开具的投标保证金保函、银行开具的履约保证金保函等。

4.5.4　投标书写作的 2 大注意事项

1. 实事求是

投标方在投标前，必须认真研究招标书，客观评估自己的技术、经济实力和相应的赔偿能力，经专家充分论证后再决定是否投标，并实事求是填写标单、撰写投标书，严禁弄虚作假。

2. 明确具体

详细写明投标书的内容，如目标、造价、技术、设备、质量等级、安全措施、进度等，切忌交代不清、含糊笼统。

4.5.5　写作示范

投标书的写作示范如下，供参考。

投标书

致：_____

根据贵方项目招标采购货物及服务的投标邀请 _____（招标编号），签字代表 _____（全名、职务）经正式授权并代表投标人 _____（投标方名称、地址）提交下述文件正本一份和副本三份。

1. 开标一览表。

2. 投标价格表。

3. 货物简要说明一览表。

4. 资格证明文件。

5. 投标保证金支票，金额为人民币 ____ 元。

据此函，签字代表宣布同意如下：

1. 所附投标报价表中规定的应提供和支付的货物投标总价为人民币 ____ 元。

2. 投标人将按照投标文件的规定履行合同责任和义务。

3. 投标人已详细审查全部招标文件，包括修改文件（如需要修改）以及全部参考资料和有关附件。我们完全理解并同意放弃对这方面有不明和误解的权利。

4. 其投标有效期为自开标日期 ____ 个工作日。

5. 如果在规定的开标日期后，投标人在投标有效期内撤回投标，其投标保证金将被贵方没收。

6. 投标人同意按照贵方要求提供与投标有关的一切数据或资料，完全理解不一定要接受最低价格的投标或收到的所有投标。

7. 与本投标有关的一切正式往来通信，请寄：

地址：_____　邮编：_____

电话：_____　传真：_____

投标人代表姓名、职务：_____

投标人名称（公章）：_____

全权代表签字：_____

附件：（略）

4.6　AIGC 工具在经济类文书写作中的应用

很多 AIGC 工具，包括 MM 智能助理、文心一言、360 智脑、讯飞星火、智谱清言、豆包、天工 AI 助手、通义千问等，都可以应用于经济类文书的写作，如经济合同、广告文案、产品说明书、招标书等。这些工具可以帮助用户快速生成高质量的文本，提高工作效率。

表 4-10 是常用的 AIGC 工具的功能和使用方法总结。

表 4-10　AIGC 工具的功能和使用方法

工具名称	应用类型	功能	使用方法
MM 智能助理	经济合同、广告文案、产品说明书、招标书等	基于深度学习算法，自动生成符合规范的文本内容，提高工作效率	1. 打开 MM 智能助理的网站或 App，选择相应的文书类型 2. 输入关于标题、正文等的必要信息 3. 根据需要选择文本的长度、语言和表达方式 4. 完成写作后，可直接导出为 Word 或 PDF 格式
文心一言	经济合同、广告文案、产品说明书、招标书等	基于自然语言处理技术，自动生成符合规范的文本内容，提高工作效率	1. 在文心一言的网站或 App 中输入与标题和正文相关的内容 2. 根据需要选择文本的长度、语言和表达方式 3. 完成写作后，可直接导出为 Word 或 PDF 格式
360 智脑	经济合同、广告文案、产品说明书、招标书等	基于自然语言处理技术，自动生成符合规范的文本内容，提高工作效率	1. 打开 360 智脑的网站或 App，选择相应的文书类型 2. 输入关于标题、正文等的必要信息 3. 根据需要选择文本的长度、语言和表达方式 4. 完成写作后，可直接导出为 Word 或 PDF 格式
讯飞星火	经济合同、广告文案、产品说明书、招标书等	基于自然语言处理技术，自动生成符合规范的文本内容，提高工作效率	1. 在讯飞星火的网站或 App 中输入与标题和正文相关的内容 2. 根据需要选择文本的长度、语言和表达方式 3. 完成写作后，可直接导出为 Word 或 PDF 格式
豆包	经济合同、广告文案、产品说明书、招标书等	基于深度学习算法，自动生成符合规范的文本内容，提高工作效率	1. 打开豆包的网站或 App，选择相应的文书类型 2. 输入关于标题、正文等的必要信息 3. 根据需要选择文本的长度、语言和表达方式 4. 完成写作后，可直接导出为 Word 或 PDF 格式
天工 AI 助手	经济合同、广告文案、产品说明书、招标书等	基于自然语言处理技术，自动生成符合规范的文本内容，提高工作效率	1. 在天工 AI 助手的网站或 App 中输入与标题和正文相关的内容 2. 根据需要选择文本的长度、语言和表达方式 3. 完成写作后，可直接导出为 Word 或 PDF 格式

工具名称	应用类型	功能	使用方法
通义千问	经济合同、广告文案、产品说明书、招标书等	基于自然语言处理技术，自动生成符合规范的文本内容，提高工作效率	1. 在通义千问的网站或 App 中输入与标题和正文相关的内容 2. 根据需要选择文本的长度、语言和表达方式 3. 完成写作后，可直接导出为 Word 或 PDF 格式

　　这些 AIGC 工具都提供了简单易用的界面和操作方式，可以辅助公文写作者在写作经济类文书时快速生成高质量的文本内容，提高工作效率。同时，这些工具也具备不同的功能和特点，用户可以根据自己的需求选择适合自己的工具。

第 5 章
礼仪类文书

中国自古以来就是礼仪之邦，人们的社会交往活动一般都具备礼仪性，因此，社交礼仪类公文应运而生。常用的社交礼仪类公文包括贺信、慰问信、感谢信、表扬信、贺电、贺词、欢迎词、答谢词、悼词、请柬等。

5.1 贺信

贺信是领导机关、企事业单位、社会团体或个人向获得卓越成就、贡献重要成果、取得巨大荣誉的单位、团体或个人表示祝贺的一种专用文书，用以表达发文人的表彰、赞扬、祝贺及关切之情。

5.1.1 贺信的 5 大模块及写法

贺信的结构一般由标题、称谓、正文、结尾和落款 5 个模块组成，各模块写作思路如下。

1. 标题

标题可以在第一行正中以"贺信"为题，也可以指明是谁给谁的贺信，如"×××致×××单位的贺信"。

2. 称谓

称谓应于标题下另起一行，顶格写明被祝贺单位名称或个人的姓名。写给个人的，要在姓名后加上相应的礼仪名称，如"同志"，称呼之后要用冒号。

3. 正文

（1）目的。确定写贺信的目的，包括庆祝什么事件、祝贺什么成就等。

（2）表达赞美。在贺信中表达出诚挚的祝贺之意，赞美收信人的辛勤努力、优秀成绩或其他值得称赞的事情，以此表达赞美之情。

（3）阐述重要性。描述庆祝事件的重要性、成就的价值，让收信人认识到其所取得的成就和对社会的贡献。

4. 结尾

结尾可写祝愿的内容，表明祝贺与鼓励，如"祝××身体健康、生活幸福、工作顺利"。

5. 落款

在右下方写明祝贺者的单位名称或个人的名字，并注明写贺信的日期。

5.1.2　贺信的常用句式

贺信常用句式如图 5-1 所示。

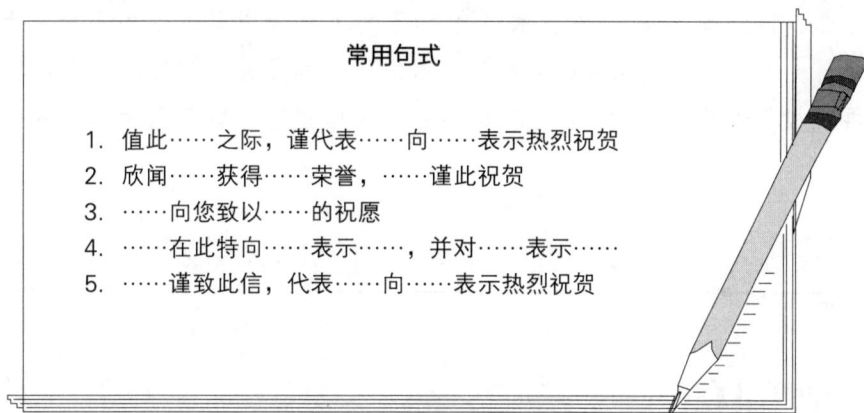

常用句式

1. 值此……之际，谨代表……向……表示热烈祝贺
2. 欣闻……获得……荣誉，……谨此祝贺
3. ……向您致以……的祝愿
4. ……在此特向……表示……，并对……表示……
5. ……谨致此信，代表……向……表示热烈祝贺

图 5-1　贺信常用句式

5.1.3　贺信写作的 3 大注意事项

1. 称谓适当

在写贺信时，要根据对方的身份和职位选择适当的称谓，以显示尊重和礼貌。

2. 实事求是

在表达祝贺时，要避免使用过分夸张和不实的词句，以免让人感到不真诚或虚伪。

3. 注意文化差异

在写贺信时，要注意文化差异，要尊重对方的文化背景和习俗，以避免因为文化差异而引起误解或冒犯。

5.1.4　写作示范

贺信的写作示范如下，供参考。

贺　信

×××市扎染艺术协会：

欣闻×××市扎染艺术协会成立在即，我谨代表×××省艺术协会，对贵协会的成立致以最诚挚的祝福和最热烈的祝贺。

扎染艺术作为汉族民间传统的染色工艺之一，历经岁月沉淀而变得愈加完善、精美。协会的成立将会把扎染艺术推向更高的平台和更广阔的领域，让扎染艺术更加普及、亲民和成熟。

扎染技法非常精美细致，结合现代审美的创新和政府政策的支持，相信×××市扎染艺术的未来会更加辉煌，必定成为民间艺术之林中的佼佼者。

在此，谨代表×××省艺术协会预祝×××市扎染艺术协会成立大会圆满成功，让贵协会的成立为推动扎染艺术的传承和发展注入新的活力和动力。

再次祝贺贵协会成立，祝愿贵协会在未来的道路上取得更加辉煌的成就！

×××省艺术协会

××××年××月××日

5.2　慰问信

慰问信是在某些重要节庆时刻，或者当对方遭受不幸或困难时，通过书信表达慰问和支持的一种文书。

5.2.1　慰问信的 5 大模块及写法

慰问信的结构一般由标题、称谓、正文、结尾和落款 5 个模块组成，各模块写作思路如下。

1. 标题

一般以"慰问信"三字为标题，或以"致××（单位或个人）的慰问信"为标题。

2. 称谓

收文单位名称或个人的姓名。

3. 正文

（1）叙述慰问的背景、事件、缘由及事实依据。

（2）在信中表达对重要节日的问候，或对对方不幸或困难的关心和同情，让对方感受到关怀和支持，让对方感到有勇气面对困难和挑战。

4. 结尾

提出希望或给予慰勉、祝愿等以表达慰问之情。

5. 落款

慰问信作者的名称和写信时间。

5.2.2 慰问信的常用句式

慰问信常用句式如图 5-2 所示。

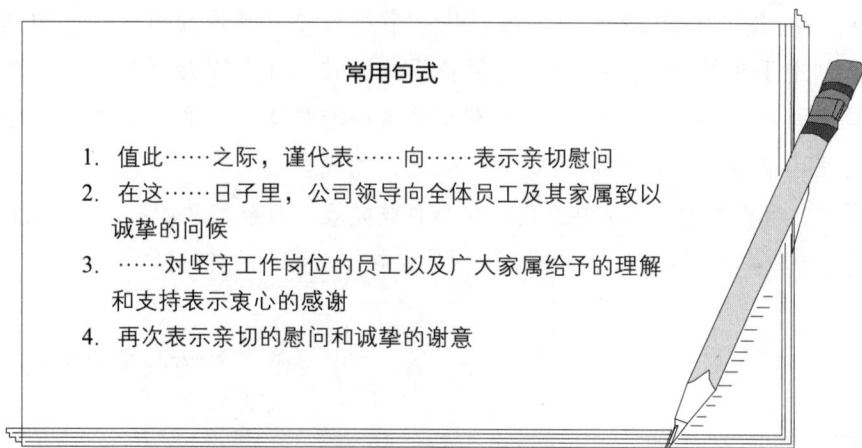

图 5-2 慰问信常用句式

5.2.3 慰问信写作的 3 大注意事项

1. 注意适用范围

慰问信一般适用于三种情况：表彰表扬型慰问、安抚型慰问、节日型慰问。

2. 内容灵活

慰问信的内容应灵活多变，要根据事件起始时间、前因后果、涉及对象而定。

3. 情真意切

慰问对象要明确，感情要真挚诚恳，语言要朴实有力，不宜使用刻板生硬的机械式、教条式的词语句子。

5.2.4　写作示范

慰问信的写作示范如下，供参考。

致 ×× 公司员工家属的慰问信

尊敬的 ××× 公司员工家属：

　　值此新春佳节到来之际，我谨代表 ××× 公司全体员工，向您致以诚挚的敬意和节日的问候！恭祝您春节快乐、阖家幸福！

　　××× 公司历经 12 年的风雨，从一个小公司发展成为行业前三甲的集团公司，创造了辉煌的行业成就，这得益于每一位员工的辛勤付出和智慧创新。而您是公司员工的家人，正是因为有您的支持与鼓励，他们才能更加专注于工作，公司才能取得如此卓越的成就。在此，我代表公司再一次向您表达谢意！

　　最后，我祝愿您和家人在新的一年里身体健康、万事如意。希望您在新的一年里继续支持和关心公司员工，共同为公司的发展作出更大的贡献！

××× 公司董事长：×××

×××× 年 ×× 月 ×× 日

5.3　感谢信

感谢信是对个人、团体、组织、单位等具体对象的关怀、帮助、支持等表达谢意的文书。感谢信可以传递感激、感谢之情，也可以鼓励、鞭策被感谢的对象。

5.3.1　感谢信的 5 大模块及写法

感谢信的结构一般由标题、称谓、正文、结尾和落款 5 个模块组成，各模块写作思路如下。

1. 标题

标题有 3 种形式：感谢双方 + 文种名称、感谢对象 + 文种名称、单独用文种名称。

2. 称谓

感谢信的称谓应写在开头顶格处，要求写明被感谢的单位、团体、组织名称或个人姓名，称谓后加上冒号。如果感谢对象比较多，可以把感谢对象在正文中间提出。

3. 正文

（1）在信中表达出对对方所做的事情或给予的帮助的感激之情，让对方感受到真诚和感激。

（2）在信中具体说明感谢的原因，明确感激对象。

（3）在信中描述对方所做的事情或给予的帮助对自身的影响和帮助，让对方感受到自己所做的事情的价值和意义。

4. 结尾

感谢信的结尾应另起一行，空两格写上具有敬意、感谢的话。也可以紧接正文，写上"此致"，换行顶格写上"敬礼"。

5. 落款

感谢信的落款署上发文单位名称或发文者的姓名并且署上成文日期。

5.3.2　感谢信的常用句式

感谢信常用句式如图 5-3 所示。

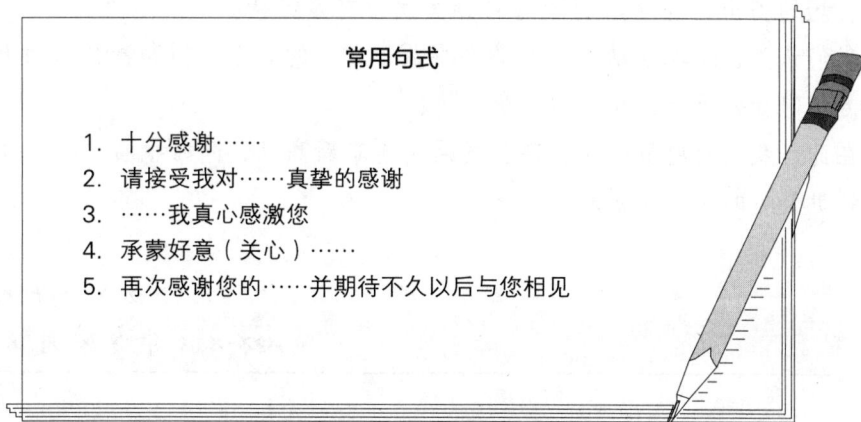

常用句式

1. 十分感谢……
2. 请接受我对……真挚的感谢
3. ……我真心感激您
4. 承蒙好意（关心）……
5. 再次感谢您的……并期待不久以后与您相见

图 5-3　感谢信常用句式

5.3.3　感谢信写作的 2 大注意事项

1. 简洁、完整

写感谢信时，要简明扼要地叙述事情的前因后果，清晰交代事件的发生时间、地点、涉及人物、发生原因及最后结果；还应叙述涉及对象被感谢的行为作风；最后重点表达对对方的感谢及关心。

2. 肯定、表态

重点表达对对方行为作风的肯定，同时表示自己向对方表示感谢的态度及意愿。

5.3.4　写作示范

感谢信的写作示范如下，供参考。

致 ×× 股份有限公司的感谢信

尊敬的 ×× 股份有限公司：

在 ×××× 年 ×× 月 ×× 日，我们举办了庆祝 ××× 市艺术协会成立 10 周年大会，在各方共同努力下，大会最终取得了圆满成功。在此，我们想向贵公司表达我们最真挚的感谢！

在此次活动中，贵公司承担了食品饮料的供应任务，在生产、防疫保障、安全运输等方面倾力付出，高质量地完成了广场参会人员用品保障任务，确保了会场的安全，为活动的圆满召开提供了有力支持。

我们认为，这次活动的成功举办得益于各方的通力合作和贵公司的大力支持，再次向贵公司表达我们的感激之情！

在此，我们祝愿贵公司在事业发展上再攀新高峰，同时也希望未来能够继续得到贵公司的支持和帮助！

×××市艺术协会

×××× 年 ×× 月 ×× 日

5.4 表扬信

表扬信是向个人、单位、组织、团体表达赞扬，赞扬其优秀、高尚品行的一种文书。表扬信可以传递赞扬、鼓励之情，同时可将高尚精神发扬光大。

5.4.1 表扬信的 5 大模块及写法

表扬信的结构一般由标题、称谓、正文、礼貌用语和落款 5 个模块组成，各模块写作思路如下。

1. 标题

一般以"表扬信""致 ××× 的表扬信"为标题，字体可较大明示。

2. 称谓

被表扬单位名称或个人的姓名。

3. 正文

（1）在信中表达对对方所做的事情或成就的肯定和赞扬。

（2）撰写表扬的原因、事迹的过程，最后表达对被表扬者行为的敬佩。

（3）描述对方所做的事情或成就对自身或他人的影响和帮助。

4. 礼貌用语

一般使用"此致敬礼"或"谨表感谢"。

5. 落款

发文单位或个人的姓名和成文时间。

5.4.2 表扬信的常用句式

表扬信常用句式如图 5-4 所示。

常用句式

1. ……同志的优秀品德值得大家学习
2. ……深受感动
3. ……赢得了……的赞赏
4. 对……予以表彰

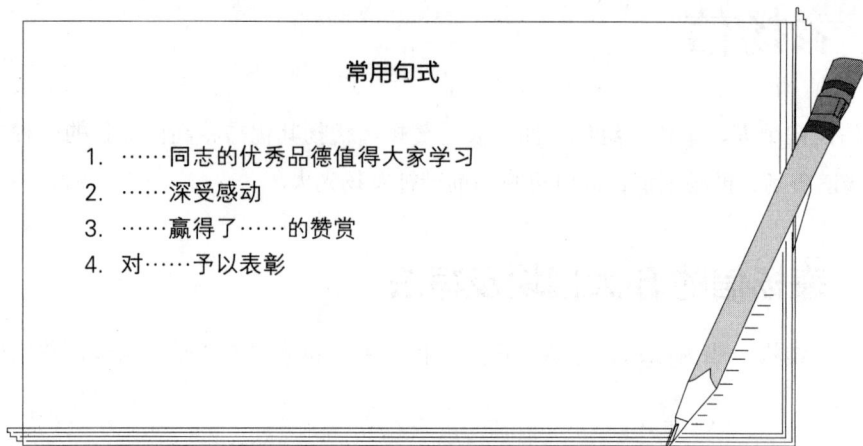

图 5-4 表扬信常用句式

5.4.3 表扬信写作的 4 大注意事项

1. 明确类型

表扬信一般分为两种类型：上级对下级的成绩表示肯定和赞赏；不包含上下级关系的赞颂和欣赏。

2. 具体性

表扬信应该具体明确，不空洞或笼统，要让被表扬者清楚了解被表扬的原因和内容。

3. 明确重点

表扬信应该重点明确，不应该泛泛而谈，要突出被表扬者的优点和亮点，让表扬更具说服力和感染力。

4. 用语真诚

表扬信的行文语气应热情、真诚，文字使用应朴实无华，篇幅应短小精悍。

5.4.4 写作示范

表扬信的写作示范如下，供参考。

致 ×××公司的表扬信

尊敬的 ×××公司:

　　您好! 我司在贵公司购买的 ×××设备因使用不当多次出现问题,贵公司维修工程师 ×××多次上门服务帮助我司排除故障。×××工程师加班加点、废寝忘食,在最短的时间内完成维修工作,并为我司提供了使用方法的培训。他良好的工作作风和服务态度赢得了我司全体员工的一致赞赏。

　　我们认为, ×××工程师的工作不仅减少了我司的经济损失,并且避免了设备故障的再次出现。他的专业技能和服务态度,展现了贵公司的优良品牌形象。

　　在此,我司特向贵公司及 ×××工程师提出表扬,并表达我们最衷心的感谢!

　　此致

敬礼!

×××公司(盖章)

××××年××月××日

5.5　贺电

　　贺电是对取得成就、作出巨大贡献的个人、单位、组织、团体,关于重大事件或重要人物的寿辰等表示祝贺的文书。贺电一般由具有权威的平台、组织向被贺方发送,可以起到鼓舞人心、提振士气的作用。

5.5.1　贺电的 5 大模块及写法

　　贺电的结构一般由标题、称谓、正文、结尾和落款 5 个模块组成,各模块写作思路如下。

1. 标题

　　贺电的标题可以直接由文种名构成,即在第一行正中书写“贺电”,也可由事由+文种构成,即在“贺电”的前面写上给谁的贺电以及被祝贺的事由。

2. 称谓

顶格写明被贺单位名称或个人的姓名。若贺电是发送给个人的，应在名称后加上相应的尊称，如"同志"。

3. 正文

（1）在贺电的开头，要表达自己的祝贺之意与喜悦之情。

（2）撰写祝贺的原因、事迹的过程，最后表达对被贺者的衷心祝福。

4. 结尾

结尾应送上祝福，如"祝您生活幸福、工作顺利、身体健康"等，若正文中"希望"的内容写得详细具体，也可以不用祝愿词结尾。

5. 落款

落款应写明发文单位的名称或个人的姓名，最后署上成文时间。

5.5.2　贺电的常用句式

贺电常用句式如图 5-5 所示。

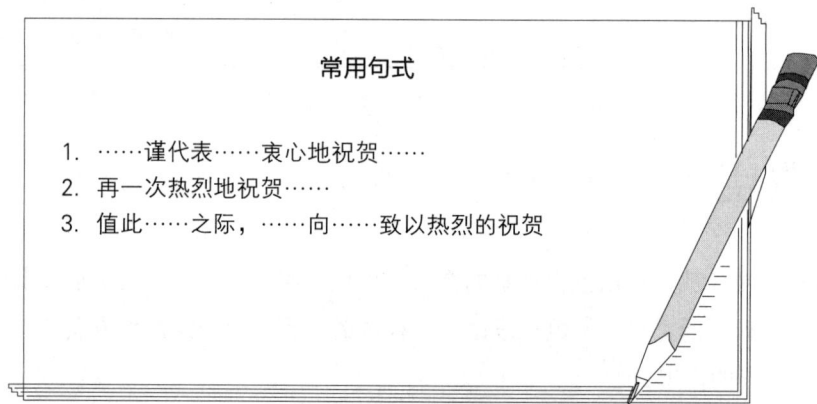

图 5-5 贺电常用句式

常用句式

1. ……谨代表……衷心地祝贺……
2. 再一次热烈地祝贺……
3. 值此……之际，……向……致以热烈的祝贺

5.5.3　贺电写作的 3 大注意事项

1. 交代背景

贺电应简述对方取得成绩的背景、原因、具体内容及影响等。

2. 原因明了

贺电应概括对方取得的成绩体现在哪些方面，并阐述成功的条件、原因。这是贺电的中心部分。

3. 情感真挚

贺电表示热烈的祝贺和殷切的希望，应诚恳真挚地表达自己的关切、祝贺和祝福。

5.5.4　写作示范

贺电的写作示范如下，供参考。

致 ×× 集团总部的贺电

尊敬的 ×× 集团总部：

　　值此集团总部建设十周年之际，我谨代表 ×× 分公司职工向总部致以热烈的祝贺！

　　过去十年里，集团始终以拼搏、创新、共赢作为企业精神，在行业内发光发热，带领本公司及其他分公司拓展更广阔的业务，为社会的进步作出了巨大贡献。各分公司在集团总部的引领下，共产出 ×× 种产品，设立 ×× 个部门，人员规模扩展至 ×× 人。总部始终是各分公司学习进步路上的指路明灯！对此，我们表示深深的感谢和崇高的敬意！

　　在此，我们特别感谢总部对分公司的支持和关心。在未来的发展中，我们将一如既往地秉持集团企业精神，不断创新发展，为集团的繁荣发展贡献力量！

　　最后，祝集团事业蒸蒸日上，日益辉煌！

×× 分公司（盖章）
××××年××月××日

5.6　贺词

　　贺词是机关、团体、单位对取得重大成就、有突出成绩或喜庆之事的有关单位或人员表示祝贺或庆贺的一种文书。贺词对人们有激励和教育作用。

5.6.1　贺词的 5 大模块及写法

贺词的结构一般由标题、称谓、正文、结尾和落款 5 个模块组成，各模块写作思路如下。

1. 标题

贺词的标题可以直接由文种名构成，即在第一行正中书写"贺词"二字；也可由事由＋文种构成，即"关于××的贺词"。

2. 称谓

顶格写明被祝贺单位名称或个人的姓名。若贺词是发送给个人的，应在姓名后加上相应的礼仪名称或尊称，如"同志"。

3. 正文

（1）在贺词的开头，要表达自己的祝贺之意与喜悦之情。

（2）写明祝贺的原因、事迹的过程，最后表达对被贺者的衷心祝福。

4. 结尾

结尾应送上祝福、祝愿的话，如"祝贵公司未来取得更高的成就"等，也可以不用祝愿词结尾。

5. 落款

落款应写明发文单位名称或个人的姓名，最后署上成文时间。

5.6.2　贺词的常用句式

贺词常用句式如图 5-6 所示。

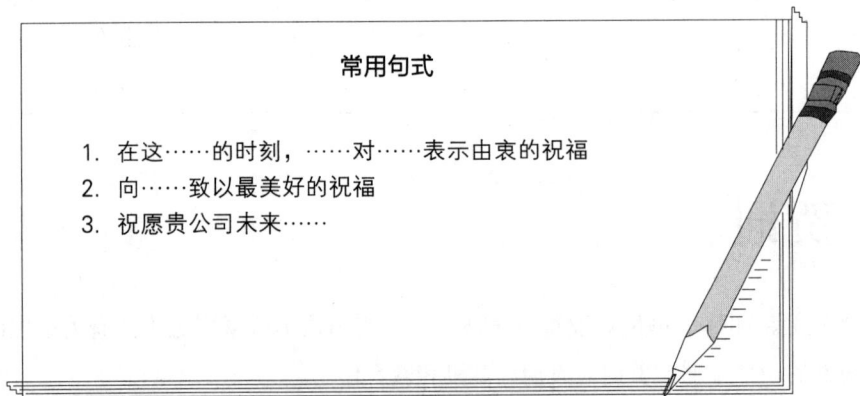

常用句式

1. 在这……的时刻，……对……表示由衷的祝福
2. 向……致以最美好的祝福
3. 祝愿贵公司未来……

图 5-6　贺词常用句式

5.6.3　贺词写作的 2 大注意事项

1. 明确类型

贺词常见的结构形式有两种：第一种，用一两句精粹的语句、名言、诗句进行祝贺；第二种，以文章的形式呈现。

2. 情感真挚

贺词应篇幅短小、文字精练，感情热烈具有感染力，贺词整体应富于感染性、启发性和鼓动性。

5.6.4　写作示范

贺词的写作示范如下，供参考。

×××向××部女干部职工致"三八"国际妇女节贺词

值××××年"三八"国际妇女节之际，向我部全体女干部职工致以节日的问候和最美好的祝福！在刚刚过去的一年里，我部广大女干部职工以巾帼不让须眉的豪情，知责负重、奉献才华，撑起了党和国家××事业的"半边天"。希望广大女干部职工继续深入学习贯彻习近平新时代中国特色社会主义思想，深刻领悟"两个确立"的决定性意义，自觉做到"两个维护"，弘扬党的伟大精神，永葆党的自我革命精神，牢记初心使命，为实现中华民族伟大复兴的中国梦贡献智慧和力量，以实际行动迎接党的二十大胜利召开。祝愿大家节日快乐、身体健康，工作顺心，阖家幸福！

×××

××××年××月××日

5.7　欢迎词

欢迎词指主人为客人的光临而表示热烈、友好的欢迎的文书，内容一般为回忆双方交往历程、表达客人光临的意义、祝福双方未来发展等。

5.7.1 欢迎词的 4 大模块及写法

欢迎词的结构一般由标题、称谓、正文和落款 4 个模块组成，各模块写作思路如下。

1. 标题

欢迎词的标题一般有两种：一种是单独以"欢迎词"为题；另一种以"活动主题 + 欢迎词"构成，如"在 ×× 大会上的欢迎词"。

2. 称谓

称谓应写在开头顶格处，写明宾客的姓名或客人群体的称呼，如"尊敬的 ×× 女士""亲爱的 ×× 公司各位同行"。

3. 正文

欢迎词的正文一般由开头、中段和结尾 3 部分构成。

（1）欢迎词的开头部分应该表达出对来宾或来访者的热烈欢迎，让对方感受到热情和友好。

（2）在欢迎词中段简要介绍本次活动的背景、目的、安排等，让来宾或来访者对活动有初步了解。

（3）在欢迎词结尾感谢来宾或来访者的支持和关注，让他们感受到感激之情和重视之意，同时表达自己的期待与展望。

4. 落款

欢迎词的落款要署上致辞单位名称，致辞者的身份、姓名，并署上成文日期。

5.7.2 欢迎词的常用句式

欢迎词常用句式如图 5-7 所示。

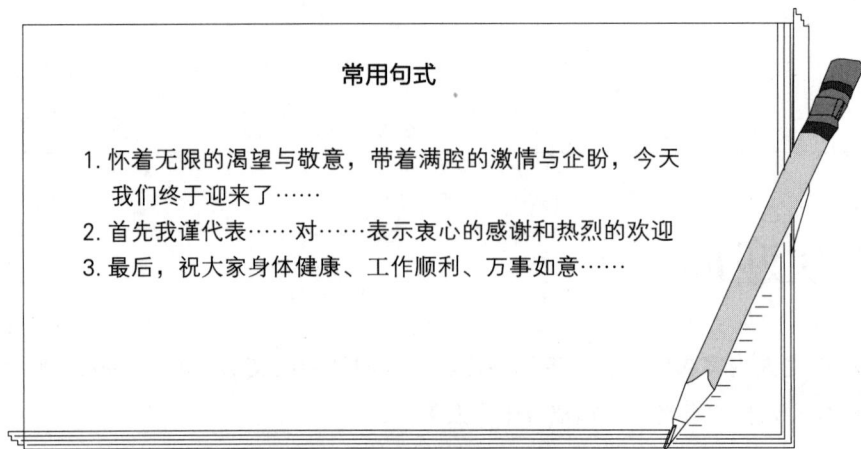

常用句式

1. 怀着无限的渴望与敬意，带着满腔的激情与企盼，今天我们终于迎来了……
2. 首先我谨代表……对……表示衷心的感谢和热烈的欢迎
3. 最后，祝大家身体健康、工作顺利、万事如意……

图 5-7 欢迎词常用句式

5.7.3 欢迎词写作的 2 大注意事项

1. 措辞严谨

欢迎词应根据不同的宾客对象和场合，拟定符合实际情况的措辞，用词应严谨，情感的表达应诚恳热烈、有分寸。在维护自身立场与原则的基础上，向宾客表达友好之情。

2. 用语得当

欢迎词的语言注重礼貌、通俗动听、篇幅简短。

5.7.4 写作示范

欢迎词的写作示范如下，供参考。

×××工厂成立 30 周年厂庆会的欢迎词

各位领导、同志们、朋友们：

值此×××工厂成立 30 周年之际，我谨代表×××工厂向远道而来的政府领导、同行同仁表示热烈的欢迎。

今天在座的各位贵宾中，大多都是 30 年来支持我厂，建立了深厚合作关系的老朋友，以及未来将会发展合作的新朋友。我厂能够取得如今的成绩，离不开政府政策的大力支持，离不开兄弟单位的真诚合作，离不开在座每一位来宾的帮助和支持。对此，我谨代表我厂全体员工向各位来宾表示由衷的感谢，希望能在未来与老朋友和新朋友继续发展友谊，密切合作，共同推动我厂繁荣发展。

30 年风雨兼程，我们经历了无数的挑战和困难，但也取得了丰硕的成果。今天，我们在这里庆祝我厂成立 30 周年，这不仅仅是一个简单的庆祝活动，更是对我厂过去辛勤耕耘的肯定，也是对未来充满信心的展望。

在此，我代表×××工厂向所有曾经支持和帮助过我们的人表示最诚挚的感谢！同时，也向所有未来将会与我们合作的人表示热烈的欢迎！

最后，为今后我厂与大家之间的进一步合作和与日益增进的友谊，干杯！

致辞人：×××

××××年××月××日

5.8　答谢词

答谢词指在公共礼仪场合，宾客对主人的欢迎或欢送表达谢意的文书。

5.8.1　答谢词的 5 大模块及写法

答谢词的结构一般由标题、称谓、正文、结尾和落款 5 个模块组成，各模块写作思路如下。

1. 标题

在第一行居中的位置上写上"答谢词"。

2. 称谓

另起一行顶格写致辞对象的姓名、头衔，既可以是广泛、群体性质的对象，也可以是具体对象。

3. 正文

（1）首先，宾客应感谢主人的盛情款待，并对对方予以肯定，同时表达出自己的荣幸与激动。

（2）其次，应简洁概括主人的情况。

（3）最后提出希望与之进一步发展关系的强烈期望，并祝福主人。

4. 结尾

通常在结尾处再次表达感谢之情。

5. 落款

答谢词的落款要署上致辞单位名称或致辞者的身份、姓名，并署上成文日期。

5.8.2　答谢词的常用句式

答谢词常用句式如图 5-8 所示。

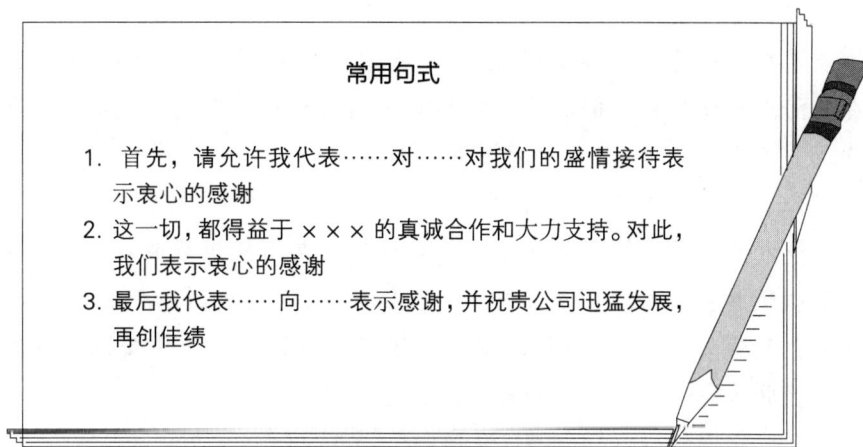

图 5-8 答谢词常用句式

5.8.3 答谢词写作的 2 大注意事项

1. 内容务实

答谢词可以以客套话开始，但之后的内容应务实，具体应在叙述答谢的前因后果及对双方未来发展的美好期望方面体现。

2. 注意主语

答谢词需要注意主要以"我们"来作为主语，多表达双方的共同发展和行动，不适合多叙述自己会如何做。

5.8.4 写作示范

答谢词的写作示范如下，供参考。

致 ×× 集团的答谢词

各位领导、同志、朋友们：

首先，请允许我代表来访团全体成员对贵集团对我们的盛情接待表示衷心的感谢。

我们来访团五人代表 ×× 公司首次拜访贵集团，虽然时间短暂，但收获颇丰。在贵集团指引人的介绍下，我们了解到本地新能源业态的分布和发展情况，认识到贵集团在新能源领域的技术实力和业务领域，我们将与贵集团建立友好的技术合作关系，并准备洽谈 ×× 技术合作项目。这一切的成果，均得益于贵集团总经理与我们的真诚合作和对我们的支持。对此，我们来访团代表 ×× 公司向总经理 ×× 先生表示最深刻的感谢！

新能源行业有着广阔的发展前景，×× 集团拥有一批来自海内外、毕业于名校、技术力量雄厚的人才队伍，使得贵集团在新能源行业能够一枝独秀。×× 公司很荣幸能与贵集团建立友好的合作关系，为我司新能源发展打下基础。

最后，我代表 ×× 公司再次向贵集团表示感谢，并祝贵集团迅猛发展，再创佳绩。更希望彼此继续加强合作，共创美好明天。

致辞人：×××

××××年××月××日

5.9　开幕词

开幕词是会议讲话文书的一种，是机关、单位、团体在会议开始前，由主持人或领导人发表的讲话形成的文书，用于宣布会议的开始和介绍会议的重要性，同时介绍与会人员、讲演嘉宾等情况。

5.9.1　开幕词的 5 大模块及写法

开幕词的结构一般由标题、时间、署名、称呼和正文 5 个模块组成，各模块写作思路如下。

1. 标题

标题一般是"会议名称＋开幕词"的形式，也可以主副标题的形式呈现。

2. 时间

写在标题的下方，并加上括号，表示发言人致开幕词的时间。

3. 署名

即开幕致辞人的姓名，写在时间的下方。

4. 称呼

对与会者的称呼。

5. 正文

（1）引言。在开幕词中可以引用名人名言或相关数据，引起听众的兴趣和关注；也介绍自己的身份和背景，让听众了解主持人或领导人的资历和经验。

（2）会议介绍。简要介绍本次会议的主题、目的、时间、地点和规模等情况，让听众了解会议的重要性和目标。

（3）感谢支持。在开幕词中感谢所有参与本次会议的人员和机构的支持和帮助，并表达期望与祝福。

5.9.2　开幕词的常用句式

会议开幕词常用句式如图 5-9 所示。

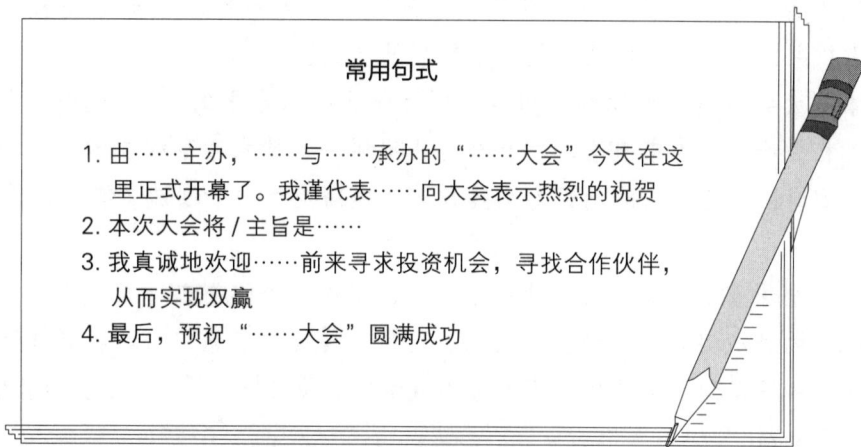

图 5-9　会议开幕词常用句式

常用句式

1. 由……主办，……与……承办的"……大会"今天在这里正式开幕了。我谨代表……向大会表示热烈的祝贺
2. 本次大会将 / 主旨是……
3. 我真诚地欢迎……前来寻求投资机会，寻找合作伙伴，从而实现双赢
4. 最后，预祝"……大会"圆满成功

5.9.3　开幕词写作的 3 大注意事项

1. 热情洋溢

会议开幕词需要表达主持人或领导人的热情和诚意，让听众感受到主持人或领导人对本次会议的重视和关注。

2. 主题明确

在会议开幕词中，应该突出本次会议的主题和目标，让听众对会议有更清晰的认识。

3. 语言简明

会议开幕词应该简短精练，避免过多使用复杂词汇和长句子。同时，避免使用过于生僻或过于口语化的词汇，以免影响演讲效果。

5.9.4　写作示范

开幕词的写作示范如下，供参考。

在国际 ×× 科学研究大会开幕式上的开幕词

（××××年××月××日）

×××

尊敬的女士们、先生们：

大家好！

由 ××× 公司主办，××× 科学院与我公司共同承办的"国际 ×× 科学研究大会"今天在这里正式开幕了。我谨代表 ××× 公司向大会表示热烈的祝贺！并向来自全球的朋友们表示热烈的欢迎！

本次大会将集中展示和探讨具有国际领先技术水平的 ××× 科学研究成果及其相关产品，为来自全球的科技人士提供一次技术考察和学术交流的良好机会。同时，也为全球的同行们切磋技艺、提高生产水平创造了有利条件。

⋯⋯⋯⋯⋯

作为全球重要的高科技产业基地之一，本次大会的举办地有先进的科技水平和强大的经济实力，是经济、金融、贸易、科技和信息中心。我真诚地欢迎来自全球的朋友到我公司的生产基地参观考察，寻求投资机会，寻找合作伙伴，从而实现双赢。

最后，再次感谢各位来宾的莅临和支持，祝愿本次大会取得圆满成功！

谢谢大家！

5.10　悼词

悼词是指在追悼大会上对死者表示敬意与哀思的宣读式的专用于哀悼的文书。

5.10.1　悼词的 3 大模块及写法

悼词的结构一般由标题、正文和结尾 3 个模块组成，各模块写作思路如下。

1. 标题

悼词的标题一般有 3 种写法。

（1）直接以"悼词"二字为题。

（2）"×××致悼词"。

（3）贴出、刊印时用"在追悼×××大会上×××致的悼词"。

2. 正文

（1）在开头表达自己的悲痛之情，可以适当使用一些用于哀悼的词句，如"我们深感痛惜""我们对逝者深表哀悼"等。

（2）介绍逝者的生平、经历、性格等方面，突出逝者的优点和功绩，让人们更加了解逝者，进一步表达哀思之情。

（3）对逝者表示敬重和怀念，可以适当提到逝者的名言、事迹、经历等。

（4）表达对逝者家属和亲友的慰问和关怀，以此来缓解家属和亲友的悲痛之情。

（5）最后可以适当表达对逝者的祝福，也可以祈求逝者安息、永远纪念。

3. 结尾

一般可用一句式结尾，如"×××安息吧"，或用简短的概括式结尾，如"×××和我们永别了，我们要将其视为学习的榜样"。

5.10.2　悼词的常用句式

悼词常用句式如图 5-10 所示。

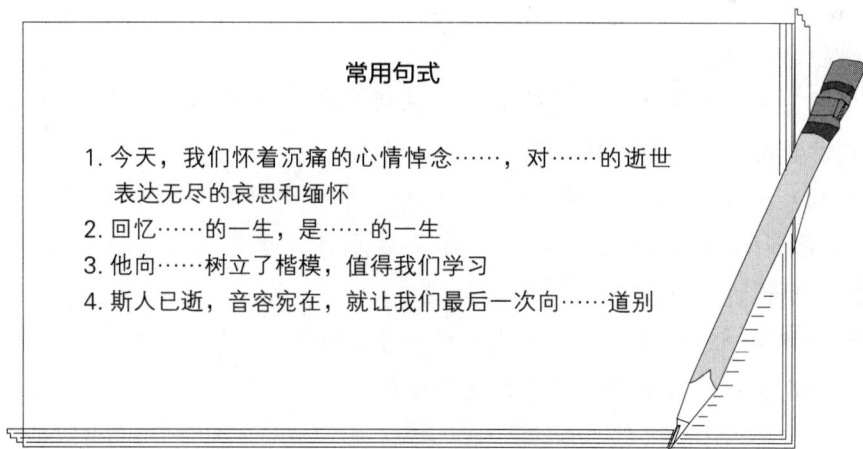

常用句式

1. 今天，我们怀着沉痛的心情悼念……，对……的逝世表达无尽的哀思和缅怀
2. 回忆……的一生，是……的一生
3. 他向……树立了楷模，值得我们学习
4. 斯人已逝，音容宛在，就让我们最后一次向……道别

图 5-10　悼词常用句式

5.10.3 悼词写作的 3 大注意事项

1.客观全面

悼词通常是对死者一生的"盖棺定论",所以要全面、真实地评价死者的一生,不夸大、不缩小、不粉饰、不歪曲,要客观总结、全面评价,这也是对死者家属的最大安慰。

2.缅怀激励

悼词的主要特点是缅怀性和激励性,要把握好悼词的情感基调,不可太悲伤、太消极,既缅怀死者,也使生者得到激励,继承死者遗愿,继续奋斗。

3.质朴真挚

语言要质朴,感情要真挚。写悼词要以质朴、真挚的语言向死者表达哀思和敬意,切忌辞藻华丽,避免出现空话、大话、假话。

5.10.4 写作示范

悼词的写作示范如下,供参考。

悼词

各位领导、同事:

今天,我们怀着十分沉痛的心情,深切悼念×××同志,并对×××同志的逝世表达无尽的哀思和缅怀!

×××同志××××年××月××日出生于××省××市。××××年××月开始参加工作,××××年光荣退休,曾先后在××厂、××公司工作,担任过×××、×××等职位。

回忆×××同志的一生,是光辉的一生、勤劳的一生。他对工作认真负责,与同事相处融洽,赢得了大家的尊敬和爱戴。

…………

×××同志有一颗为他人服务的心,一腔满怀赤诚的情,他坚韧不拔、勇往直前的品质,让我们在生活中面对困难时能够坚定信心、勇敢前行;他对工作的责任感,让我们能够感受到人性的光辉。他的音容笑貌永远铭记在同事和家人的心中。

> 斯人已逝，音容宛在！××× 同志的突然离世，给我们带来了沉重的打击和无尽的悲痛。但是，他对工作和生活的信念，将永远铭刻在我们的心中，他的精神和品质将永远激励着我们前行。
>
> 就让我们最后一次与 ××× 同志道别：您安息吧！
>
> 致辞人：×××
××××年××月××日

5.11 邀聘词

邀聘词是指单位、组织邀约聘请他人担任某项工作或任务的文书。在邀聘词中，通常会描述组织单位、职位信息、职位职责等，以及期待对方接受邀聘的意愿。

5.11.1 邀聘词的 5 大模块及写法

邀聘词的结构一般由标题、称谓、正文、结尾和落款 5 个模块组成，各模块写作思路如下。

1. 标题

在首页或内页正中写"邀聘词"或"致 ××× 的邀聘词"。

2. 称谓

与一般邀请函的写法相同，首行顶格写"尊敬的 ××× 先生 / 女士"。

3. 正文

（1）首先，交代邀聘的原因或所要担任的职务，并表达对对方的欢迎。

（2）其次，介绍邀聘单位的基本信息，以及对方担任职务的职责。

（3）最后，再次表达对对方的感谢、信任及欢迎。

4. 结尾

邀聘词的结尾一般写上表示敬意或希望的话语，如"此致，敬礼""此聘"等，有的邀聘词省略结尾。

5. 落款

落款要署上发文单位名称或单位领导的姓名、职务，并署上发文日期，同时加盖公章。

5.11.2　邀聘词的常用句式

邀聘词常用句式如图 5-11 所示。

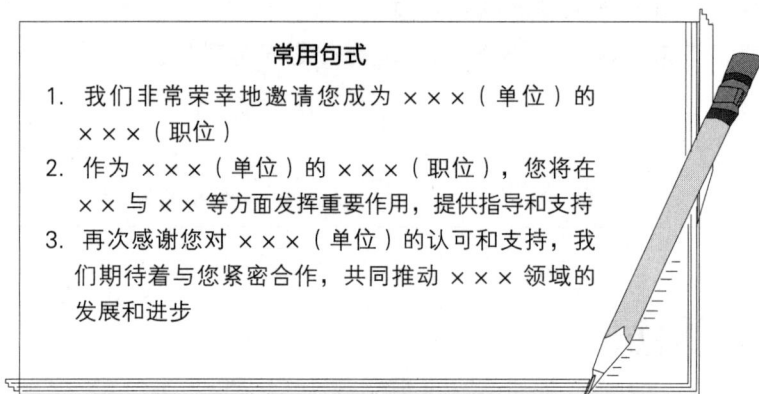

常用句式

1. 我们非常荣幸地邀请您成为 ×××（单位）的 ×××（职位）
2. 作为 ×××（单位）的 ×××（职位），您将在 ×× 与 ×× 等方面发挥重要作用，提供指导和支持
3. 再次感谢您对 ×××（单位）的认可和支持，我们期待着与您紧密合作，共同推动 ××× 领域的发展和进步

图 5-11　邀聘词常用句式

5.11.3　邀聘词写作的 2 大注意事项

1. 内容明确

邀聘词主题应该明确、简单、易懂，不要使用过于复杂的词汇和语言；对邀聘对象、邀聘原因、邀聘职位等要交代清楚；内容叙述应准确，做到实事求是、公正客观。

2. 保证效力

因邀聘词是以单位名义发出的，所以一定要加盖公章，这样方能生效。

5.11.4　写作示范

邀聘词的写作示范如下，供参考。

致 ××× 的邀聘词

尊敬的 ××× 先生 / 女士：

　　我们非常荣幸地邀请您成为 ×× 大学计算机学院的终身荣誉教授。在人工智能领域中，您是一位享有盛誉的专家，在推动该领域发展和应用方面取得了卓越、杰出的成就。

　　您的加入对于 ×× 大学计算机学院是一次非常重要而又有意义的合作。我们相信，您的加入将会给 ×× 大学计算机学院带来新的发展思路及切实可行的解决方案，您拥有着极高的学术声誉与影响力，必将对整个学院的学术和研究水平产生深远的影响。

××大学计算机学院拥有强大的教学和研究资源，在人工智能领域占据领先地位。我们期待您的加入，让我们更好地利用这些资源，与其他杰出的学者和学生们互动交流，共同推进我校甚至我国人工智能领域的不断升级与完善。

作为该学院的终身荣誉教授，您将在教学、科研和社会服务等方面发挥重要作用，对学生和教职工提供指导和支持，激励他们在人工智能领域取得更多的成就。我们坚信，您的经验和知识将会开启学院新的研究方向，并对未来的计算机教育及计算机相关科技产业打下坚实的基础。

再次感谢您对××大学计算机学院的认可和支持，我们期待着与您紧密合作，共同推动人工智能领域的发展和进步。

此致
敬礼！

××大学计算机学院（学院盖章）

××××年××月××日

5.12 介绍信

介绍信是用来介绍联系接洽事宜的一种文书，也是机关团体、企事业单位派人到其他单位联系工作、了解情况或参加各种社会活动时用的函件。它具有介绍、证明的双重作用。

5.12.1 介绍信的 5 大模块及写法

介绍信的结构一般由标题、称谓、正文、结尾和落款 5 个模块组成，各模块写作思路如下。

1. 标题

一般直接以"介绍信"为标题。

2. 称谓

收文单位名称或收文者的姓名。

3. 正文

被介绍人的姓名、职务、工作事项及对收文单位的要求等。

4. 结尾

一般使用"此致，敬礼"。

5. 落款

写明发文单位的名称及成文时间，发文单位名称处需加盖公章。

5.12.2 介绍信的常用句式

介绍信常用句式如图 5-12 所示。

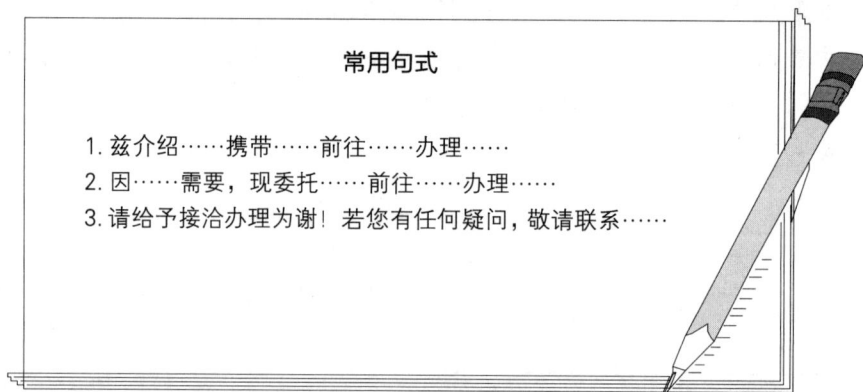

常用句式

1. 兹介绍……携带……前往……办理……
2. 因……需要，现委托……前往……办理……
3. 请给予接洽办理为谢！若您有任何疑问，敬请联系……

图 5-12 介绍信常用句式

5.12.3 介绍信写作的 3 大注意事项

1. 信息真实

被介绍人的真实姓名、身份，不得虚假编造，冒名顶替。

2. 内容清晰

所接洽办理的事项要写清楚，简明扼要。

3. 保证效力

介绍信务必加盖公章，且不得涂改。若必须涂改则需要在涂改的地方加盖公章，否则此介绍信将被视为无效。

5.12.4 写作示范

介绍信的写作示范如下，供参考。

介绍信

×××街道办事处：

　　因×××公路改造项目工程施工需要，我项目部特委派办事员×××、
×××2人，前往贵处就×××街道管线布置情况进行咨询，敬请接洽并予
以协助。

　　此致

敬礼！

×××公路改造项目部（盖章）

××××年××月××日

5.13　证明信

　　证明信是一种以机关、团体、个人的名义凭确凿的证据，证明某人的身份、经历或者某
有关事件真实情况的专用文书。证明信有以组织的名义发的，也有以个人名义发的。

5.13.1　证明信的 5 大模块及写法

　　证明信的结构一般由标题、称谓、正文、礼貌用语和落款 5 个模块组成，各模块写作思
路如下。

1. 标题

在第一行居中写"证明信"三字。

2. 称谓

标题下顶格写收信单位名称。

3. 正文

写清需要证明的事项。

4. 结尾

直接以"特此证明"结尾。

5. 落款

在正文右下方先写明证明单位名称或个人姓名，并加盖公章或私章。在落款的下方写明成文时间。

5.13.2　证明信的常用句式

证明信常用句式如图 5-13 所示。

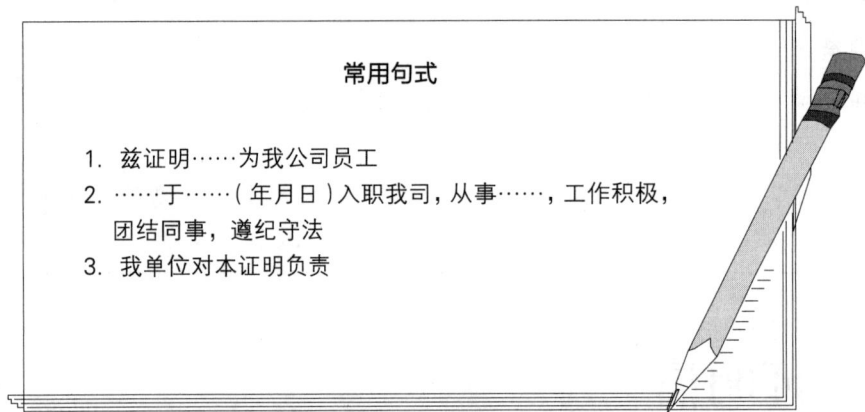

常用句式

1. 兹证明……为我公司员工
2. ……于……（年月日）入职我司，从事……，工作积极，团结同事，遵纪守法
3. 我单位对本证明负责

图 5-13　证明信常用句式

5.13.3　证明信写作的 3 大注意事项

1. 内容真实

证明信必须严肃认真，实事求是，言之有据，不能信口开河。

2. 语言简洁

证明信的语言要简洁、准确，避免产生歧义。

3. 形式规范

证明信要书写工整，不得有涂改的痕迹，证明信的格式要规范。

5.13.4　写作示范

证明信的写作示范如下，供参考。

收入证明

×××：

    兹证明我公司员工××，性别×，身份证号码×××××××××××××××××××，在我司工作××年，任职××部门××（职位），基本工资为人民币××××元/月，绩效工资为人民币××××元/月，共计月收入为人民币××××元。

    特此证明！

××××公司（盖章）

××××年××月××日

5.14 推荐信

推荐信是一个人为推荐另一个人去接受某个职位或参与某项工作而写的文书，是一种常用应用写作文体。

5.14.1 推荐信的 5 大模块及写法

推荐信的结构一般由标题、称谓、正文、礼貌用语和落款 5 个模块组成，各模块写作思路如下。

1. 标题

在第一行居中写"推荐信"三字。

2. 称谓

标题下顶格写收信单位名称或收信者姓名，其后加冒号。

3. 正文

写被推荐人经历及荣誉、推荐原因等。

4. 礼貌用语

对被推荐人表示殷切希望，也对相关单位表达关注及祝福。

5. 落款

在正文右下方先写明证明单位名称或个人姓名，并加盖公章或私章。在落款的下方写明成文时间。

5.14.2　推荐信的常用句式

推荐信常用句式如图 5-14 所示。

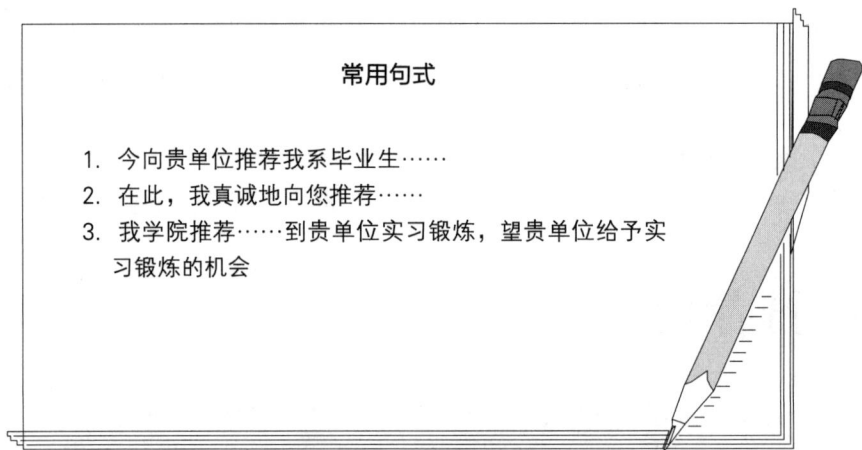

图 5-14　推荐信常用句式

5.14.3　推荐信写作的 2 大注意事项

1. 内容具体

介绍人应提供被推荐人充分的信息给推荐单位，内容尽量具体，避免空洞地陈述。

2. 避免负面评价

尽量避免在推荐信中提及被推荐人的缺点或不足。如果必须提及，也要以积极和建设性的方式表达，并强调被推荐人如何克服这些困难。

5.14.4　写作示范

推荐信的写作示范如下，供参考。

推荐信

尊敬的 ×× 市政府领导：

　　作为独立的第三方医疗设备采购咨询机构的专家，我向贵市政府推荐×××国际公司参与政府采购招标，并希望该公司能成为当地政府大型医疗设备采购的供应商和服务商。

　　×××国际公司是一家专业从事医疗设备销售与服务的国际性企业。多年来，该公司一直致力于为全球客户提供高品质、高效率的医疗设备和优质的售后服务。该公司拥有一支专业化、高素质的技术团队，可以为客户提供全面的技术支持和解决方案。其产品涵盖了医学影像、检验诊断、手术治疗等多个领域，深受广大客户的信赖和好评。

　　我相信，×××国际公司是一家值得信赖的医疗设备企业，具有强大的技术实力和丰富的经验，能够为贵地政府提供优质的医疗设备和售后服务。我们希望该公司能够与贵地政府建立长期稳定的合作关系，共同为当地人民的健康事业作出贡献。

　　此致

敬礼！

××医疗咨询公司首席专家：×××

日期：××××年××月××日

5.15　请柬

请柬又称请帖、邀请书，是单位或个人为邀请宾客参加某项活动而制发的一种礼仪性文书。

5.15.1　请柬的 4 大模块及写法

请柬的结构一般由标题、称谓、正文和落款 4 个模块组成，各模块写作思路如下。

1. 标题

一般只写"请柬"二字，也可在"请柬"之前加上活动的名称。

2.称谓

顶格写明被邀请者的单位名称或个人姓名并加上冒号，个人的姓名之后要有职务、职称或"先生""女士"等称谓。

3.正文

请柬的正文要写清活动的内容、时间、地点、方式及相关的要求，如请人表演或参加晚会要注明"请准备节目""请穿晚礼服"等；正文的最后多以"敬请参加""敬候光临""请届时光临"等语句作结束语。

4.落款

在正文右下方署上邀请者的名称和发柬日期。

5.15.2　请柬的常用句式

请柬常用句式如图 5-15 所示。

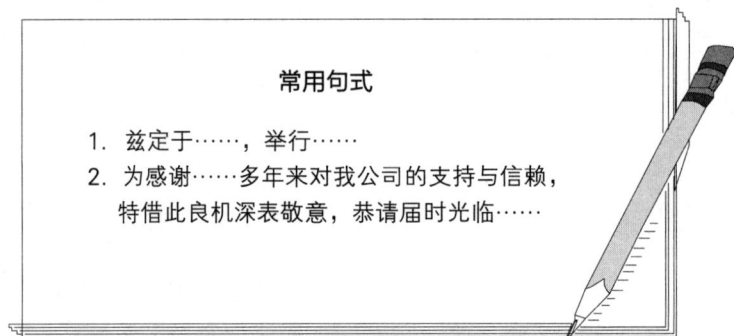

常用句式

1. 兹定于……，举行……
2. 为感谢……多年来对我公司的支持与信赖，特借此良机深表敬意，恭请届时光临……

图 5-15　请柬常用句式

5.15.3　请柬写作的 2 大注意事项

1.明确内容

明确邀请的对象，活动的地点、时间。

2.注意语言

语言上除要求简洁、明确外，还要措辞文雅、大方和热情。

5.15.4　写作示范

请柬的写作示范如下，供参考。

请　柬

尊敬的×××先生/女士：

　　您好！我公司即将迎来十周年纪念，为庆祝这一重要时刻，特邀请您参加我公司在××酒店举行的庆典活动。具体信息如下：

　　时间：××××年××月××日（星期×）

　　地点：××酒店××厅

　　同时，为了表达您对我公司一直以来支持与关注的感谢，在庆典活动结束后我们将举行答谢午宴，届时欢迎您莅临。

　　期待您的到来！

　　此致

敬礼！

　　　　　　　　　　　　　　　　　　　　　　　　××××公司

　　　　　　　　　　　　　　　　　日期：××××年××月××日

5.16　礼仪类文书常见场景与点睛金句

5.16.1　庆贺慰问类

1. "团结就是力量"

用法提示：这句话可以用于表达只有紧密团结在一起，携手共进，才能克服各种困难，取得胜利。

金句举例：团结就是力量，这力量是铁，这力量是钢。中国共产党百年史是一部团结带领人民为美好生活共同奋斗的历史，西柏坡的干部群众对此体会更深。在全面建设社会主义现代化国家的新征程上，希望你们坚决响应党中央号召，充分发挥先锋模范作用，把乡亲们更好地团结起来、凝聚起来，心往一处想，劲往一处使，让日子过得越来越红火。

2. "宝剑锋从磨砺出，梅花香自苦寒来。"

用法提示：这句话可以用于表达在工作和生活中，要经历磨难和挫折，才能获得成功。

金句举例："宝剑锋从磨砺出，梅花香自苦寒来。"在工作和生活中，我们要经历磨难和挫折，才能获得成功。只有在经历过困难和挫折后，我们才能更加坚强和自信，取得更大的成就。

3. "千磨万击还坚劲，任尔东西南北风。"——郑燮《竹石》

用法提示：这句话可以用于表达在面对挑战和困难时，要有坚韧不拔的精神品质。

金句举例："千磨万击还坚劲，任尔东西南北风。"在面对挑战和困难时，我们要保持坚韧不拔的精神品质。只有经历了千锤百炼，才能变得更加坚强。

4. "海内存知己，天涯若比邻。"——王勃《送杜少府之任蜀州》

用法提示：这句话可以用于表达在工作中，要珍惜和维护好自己的人际关系。

金句举例："海内存知己，天涯若比邻。"在工作中，只有与他人建立起良好的关系，才能更好地合作，共同进步。我们要珍惜和维护好自己的人际关系，不断拓展自己的社交圈。

5. "志当存高远。"——诸葛亮

用法提示：这句话可以用于表达在工作中，要始终保持远大的志向和目标。

金句举例："志当存高远。"在工作中，我们要始终保持远大的志向和目标，不断追求更高的成就。只有在拥有远大的志向和目标后，才能在工作中取得更加出色的成绩。

6. "天才就是 99% 的汗水加上 1% 的灵感。"——爱迪生

用法提示：这句话可以用于表达在工作和学习中，要注重勤奋的重要性。

金句举例：爱迪生说："天才就是 99% 的汗水加上 1% 的灵感。"在工作和学习中，我们要注重勤奋的重要性。只有在勤奋地工作和不断地探索中，才能让灵感萌芽并最终成为创造力。

7. "山重水复疑无路，柳暗花明又一村。"——陆游《游山西村》

用法提示：这句话可以用于表达在工作和生活中，经历了困难和挫折后，会迎来更加美好的未来。

金句举例："山重水复疑无路，柳暗花明又一村。"即使前方道路漫长崎岖，只要不放弃追求，就会看到希望和美好。在工作和生活中，我们可能会经历困难和挫折，但只要坚持不懈，就会迎来更加美好的未来。

8. "落红不是无情物，化作春泥更护花。"——龚自珍《己亥杂诗》

用法提示：这句话可以用于表达在生活中，即使经历了失败和挫折，也要保持坚强乐观的态度。

金句举例：在生活中，即使经历了失败和挫折，我们也要保持坚强乐观的态度。正如龚

自珍所说："落红不是无情物,化作春泥更护花。"我们也可以从失败和挫折中吸取经验教训,为下一次的奋斗做好准备。

5.16.2　综合讲话类

1."得道者多助,失道者寡助。"——《孟子》

用法提示:这句话可以用于表达在生活中,遵循正道的重要性。

金句举例:《孟子》中说:"得道者多助,失道者寡助。"只有坚守正道、秉持正确的价值观,才能在生活中获得更多的帮助和支持。

2."苟利国家生死以,岂因祸福避趋之。"——林则徐《赴戍登程口占示家人》

用法提示:这句话可以用于表达在为国家和民族利益而奋斗时,不惧生死和困难的决心和勇气。

金句举例:林则徐说:"苟利国家生死以,岂因祸福避趋之。"在为国家和民族利益而奋斗时,我们要有不惧生死和困难的决心和勇气。只有把国家和民族的利益放在第一位,才能在困难和挑战面前坚持不懈、勇往直前。

3."仓廪实而知礼节,衣食足而知荣辱。"——司马迁《史记》

用法提示:这句话可以用于表达只有不断发展,才能实现生活安康,社会安宁的梦想。

金句举例:"仓廪实而知礼节,衣食足而知荣辱。"只有在物质文明建设和精神文明建满足人民的发展需要之后,人民才能真正成为有品位、有修养的人,从而实现生活安康、社会安宁的梦想。

4."当官不为民做主,不如回家卖红薯。"

用法提示:这句话可以用于表达在担任公职时,要以民为本,为民服务。

金句举例:所谓"当官不为民做主,不如回家卖红薯。"在担任公职时,我们要以人民为中心,全心全意为人民服务。只有真正关注民生、为民谋利,才能赢得人民的信任和支持。

5."生于忧患,死于安乐。"——《孟子》

用法提示:这句话可以用于表达在追求成功和成长的过程中,需要不断克服困难和挑战。

金句举例:《孟子》中说:"生于忧患,死于安乐。"在人生的道路上,我们会遇到各种各样的挑战和困难。只有在面对挑战和困难时保持积极进取、勇往直前的态度,才能在人生道路上不断成长和进步。同时,过于安逸和舒适会让人失去前进的动力和目标,因此我们需要不断挑战自己,追求更高的成就。

6."天时不如地利，地利不如人和。"——《孟子》

用法提示：这句话可以用于表达在利用机遇和资源时需要注重人际关系的建立和维护。

金句举例："天时不如地利，地利不如人和。"只有建立良好的人际关系，才能更好地把握机遇、利用资源，实现自己的目标。因此，我们需要注重人际关系的建立和维护，与人和谐相处，建立良好的人际网络。天时和地利的作用是有限的，只有通过人和的力量，才能真正实现成功和发展。

7."栽下梧桐树，引来金凤凰。"

用法提示：这句话可以用于表达在招商引资工作中，需要首先努力创造有利的政策条件和环境，才能获得投资商的青睐，最终得到成功和荣誉。

金句举例："栽下梧桐树，引来金凤凰。"只有做好了充分的准备，经过了不懈的努力和付出，我们的招商引资工作才能获得更大的成功，才能引来带动一方经济发展中的金凤凰。

8."春蚕到死丝方尽，蜡炬成灰泪始干。"——李商隐《无题》

用法提示：这句话可以用于表达在生活中，即使经历了艰难和磨难，也要坚定不移地前行。

金句举例：在生活中，即使经历了艰难和磨难，我们也要坚定不移地前行。正如李商隐所说："春蚕到死丝方尽，蜡炬成灰泪始干。"即使我们经历了无数的挫折和困难，也要坚定信念，不断前行，直到实现自己的目标和愿望。

9."行百里者半九十。"——《战国策》

用法提示：这句话可以用于表达在工作中，要坚持不懈，不断提高自己的能力。

金句举例："行百里者半九十。"只有在不断努力和坚持不懈的过程中，才能最终实现自己的理想。在工作中，我们要坚持不懈，不断提高自己的能力，才能在职业生涯中不断前行。

10."君子成人之美，不成人之恶。"——《论语》

用法提示：这句话可以用于表达在工作中，要始终保持高尚的品德和道德修养。

金句举例：在工作中，我们要始终保持高尚的品德和道德修养，成为君子。《论语》中说："君子成人之美，不成人之恶。"只有不断修炼自己的道德修养和品德素质，才能更好地为社会作出贡献。

11."大江东去，浪淘尽，千古风流人物。"——苏轼《水调歌头》

用法提示：这句话可以用于表达在工作中，要不断追求卓越和成为卓越的人。

金句举例："大江东去，浪淘尽，千古风流人物。"只有在不断超越自己的过程中，才能成为卓越的人，并留下千古佳话。

12. "知彼知己，百战不殆；不知彼而知己，一胜一负；不知彼，不知己，每战必殆。"——孙子《孙子兵法》

用法提示：这句话可以用于表达在竞争和斗争中，了解自己和了解对手都是很重要的。

金句举例：在竞争和斗争中，了解自己和了解对手都十分重要。《孙子》中说："知彼知己，百战不殆；不知彼而知己，一胜一负；不知彼，不知己，每战必殆。"只有同时了解自己和对手，才能制定出更加有效的战略和策略，取得更大的胜利。

13. "人生自古谁无死，留取丹心照汗青。" ——文天祥《正气歌》

用法提示：这句话可以用于表达在面对困境和挑战时，要坚持自己的信念和追求。

金句举例：在工作中，我们要始终坚守自己的信念和追求，不被困难和挑战所吓倒。正如文天祥所说："人生自古谁无死，留取丹心照汗青。"只有坚定自己的信念，才能在工作中不断前行，以大无畏的革命精神，创造出更加辉煌的业绩。

5.17 AIGC 工具在礼仪类文书写作中的应用

礼仪类文书日常应用非常广泛，礼仪类文书写作也是公文写作者日常工作的重要组成部分。许多 AIGC 工具包括 MM 智能助理、文心一言、360 智脑、讯飞星火、智谱清言、豆包、天工 AI 助手、通义千问等都可以应用于礼仪类文书的写作，如感谢信、表扬信、介绍信、开幕词、欢迎词、申请书等。

表 5-1 是常用的 AIGC 工具的功能和使用方法总结。

表 5-1 AIGC 工具的功能和使用方法

工具名称	应用类型	功能	使用方法
MM 智能助理	感谢信、表扬信、介绍信、开幕词、欢迎词、申请书等	基于深度学习算法，自动生成符合规范的文本内容，提高工作效率	1. 打开 MM 智能助理的网站或 App，选择事务类文书类型 2. 输入关于标题、正文等的必要信息 3. 根据需要选择文本的长度、语言和表达方式 4. 完成写作后，可直接导出为 Word 或 PDF 格式
文心一言	感谢信、表扬信、介绍信、开幕词、欢迎词、申请书等	基于自然语言处理技术，自动生成符合规范的文本内容，提高工作效率	1. 在文心一言的网站或 App 中输入与标题和正文相关的内容 2. 根据需要选择文本的长度、语言和表达方式 3. 完成写作后，可直接导出为 Word 或 PDF 格式

工具名称	应用类型	功能	使用方法
360智脑	感谢信、表扬信、介绍信、开幕词、欢迎词、申请书等	基于自然语言处理技术，自动生成符合规范的文本内容，提高工作效率	1. 打开360智脑的网站或App，选择事务类文书类型 2. 输入关于标题、正文等的必要信息 3. 根据需要选择文本的长度、语言和表达方式 4. 完成写作后，可直接导出为Word或PDF格式
讯飞星火	感谢信、表扬信、介绍信、开幕词、欢迎词、申请书等	基于自然语言处理技术，自动生成符合规范的文本内容，提高工作效率	1. 在讯飞星火的网站或App中输入与标题和正文相关的内容 2. 根据需要选择文本的长度、语言和表达方式 3. 完成写作后，可直接导出为Word或PDF格式
智谱清言	感谢信、表扬信、介绍信、开幕词、欢迎词、申请书等	基于自然语言处理技术，自动生成符合规范的文本内容，提高工作效率	1. 打开智谱清言的网站或App，选择事务类文书类型 2. 输入关于标题、正文等的必要信息 3. 根据需要选择文本的长度、语言和表达方式。 4. 完成写作后，可直接导出为Word或PDF格式
豆包	感谢信、表扬信、介绍信、开幕词、欢迎词、申请书等	基于深度学习算法，自动生成符合规范的文本内容，提高工作效率	1. 打开豆包的网站或App，选择事务类文书类型 2. 输入关于标题、正文等的必要信息 3. 根据需要选择文本的长度、语言和表达方式 4. 完成写作后，可直接导出为Word或PDF格式
天工AI助手	感谢信、表扬信、介绍信、开幕词、欢迎词、申请书等	基于自然语言处理技术，自动生成符合规范的文本内容，提高工作效率	1. 在天工AI助手的网站或App中输入与标题和正文相关的内容 2. 根据需要选择文本的长度、语言和表达方式 3. 完成写作后，可直接导出为Word或PDF格式
通义千问	感谢信、表扬信、介绍信、开幕词、欢迎词、申请书等	基于自然语言处理技术，自动生成符合规范的文本内容，提高工作效率	1. 在通义千问的网站或App中输入与标题和正文的相关的内容 2. 根据需要选择文本的长度、语言和表达方式 3. 完成写作后，可直接导出为Word或PDF格式

在使用AIGC工具生成礼仪类公文文本后，公文写作者还需要对其进行修改和检查，以确保公文的准确性和专业性。以下是一些需要注意的问题：

（1）仔细阅读公文：在完成公文写作后，公文写作者需要仔细阅读公文，检查语言表达是否清晰、简洁、正式和专业，以及是否存在语法错误、拼写错误或标点错误等问题。

（2）检查格式是否规范：公文写作者需要检查公文的格式是否符合规范和标准，包括标题、日期、署名等部分。如果有不符合规范的地方，需要及时进行调整和修改。

（3）确认内容完整性：公文写作者需要确认公文的内容是否完整，包括所有必要的部分和信息。如果缺少必要的内容，需要及时补充和完善。

（4）检查逻辑性：礼仪类公文需要具备逻辑性，段落之间应该连贯、有序。公文写作者需要检查公文的逻辑性，确保段落之间连贯和顺序正确。

（5）审查语法和句子结构：公文写作需要遵循语法规则和句子结构规范，以确保语言表达的准确性和流畅性。公文写作者需要对公文的语法和句子结构进行审查，及时发现并修改错误或不准确的表述。

（6）校对公文：在完成修改后，公文写作者需要对公文进行校对，检查是否有遗漏或错误的地方。这可以确保公文的准确性和专业性，提高公文的质量。

总之，在使用 AIGC 工具生成礼仪类公文文本后，公文写作者需要进行修改、检查和校对，以确保公文的准确性和专业性，并注意保持公文的严肃性和严谨性。这些步骤对于提高公文的质量和效果非常重要。

第 6 章
规章制度类文书

6.1　制度

制度是公司为了加强对部门工作的管理，严格组织纪律，建立正常的工作、学习、生产秩序而制定的要求有关人员共同遵守的、具有法规性与约束力的规范性公文。制度写作时要注意符合相关法律法规和政策规定，内容严谨周密，条理清晰有序，语言精练质朴。

6.1.1　制度的 4 大特性

制度的特性如表 6-1 所示。

表 6-1　制度的特性

特性	特性描述
权威性	制度一经公示并实施，就成为职工开展工作时必须依据的准则，全体职工必须无条件遵守，且领导干部与普通职工一视同仁
强制性	制度一旦公示，就必须落实执行，不因个人意志而改变
阶段适用性	制度一般伴随着初创期、立足期、成熟期、衰退期而进行不断完善，且每一时期的制度都需适应该时期的经营发展要求
制度与温情并存	将温情管理作为制度管理的辅助手段，在尊重、理解员工的基础上，逐步完善各种规章制度，增强公司凝聚力

6.1.2　制度的常用句式

制度常用句式如图 6-1 所示。

常用句式

1. 为了明确……，根据……及相关规定，特制定本制度
2. 本制度适用于……工作
3. 为保证……，应考虑……
4. 本制度由……负责编制、解释与修订
5. 本制度自……年……月……日起生效

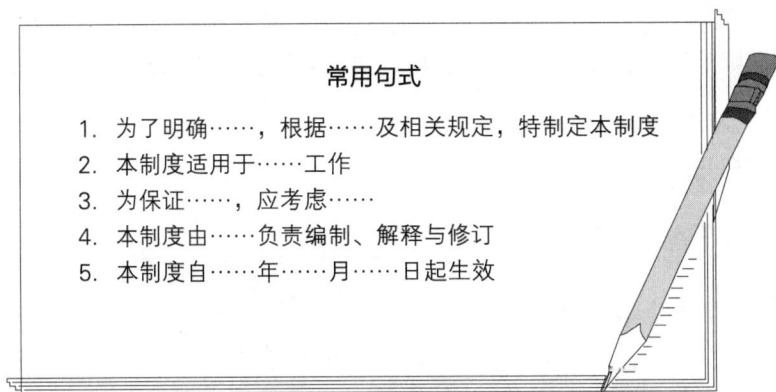

图 6-1　制度常用句式

6.1.3　制度的 2 大模块及写法

制度的结构一般由标题和正文 2 个模块组成，各模块写作思路如下。

1.标题

标题一般由制文单位、工作内容和文种组成。如"××公司离职工作交接管理制度"。

2.正文

正文是制度的主体部分。正文分为几个模块，每个模块各为一个章节，在各章节下逐条列举各项内容。结尾应标注制文部门、公布日期、生效日期。如果是单位内部公布的制度则不必盖章，如果是一级政府或一个系统的制度需公告执行者，必须加盖公章，以增强其真实性、严肃性。

6.1.4　制度写作的 4 大注意事项

1.引用的文件要体现

制度引用的法律法规文件及单位其他文件应在总则中体现以体现制度的专业性。

2.主语统一

每个条例的序号后面应接上完整的一句话，同时使用的主语名称要统一。

3.层次分明

制度中每个模块通过序号来分层，一般采用"概括性标题＋分述"的模式。

4. 体现相应原则

制度应体现适用性原则和科学性原则，适用性原则指制度必须适应单位的业务活动、人员和结构，科学性原则是指制定的制度要科学合理，实事求是，逻辑清晰，不能自相矛盾。

6.1.5　写作示范

制度的写作示范如下，供参考。

制度名称	×××公司合同专用章管理制度	编　号	
		受控状态	

第1章　总则

第1条　为了规范公司合同专用章的管理，根据《中华人民共和国民法典》和公司章程，结合公司实际情况，特制定本制度。

第2条　本制度适用于公司合同专用章的使用、保管、停用及变更等工作。

第2章　合同专用章的使用

第3条　公司行政部门统一刻制合同专用章，并指定专人保管，任何部门及个人不得擅自刻制。

第4条　合同专用章专门用来签订经济合同，加盖合同专用章表明我方已对合同中的权利、义务进行了最终确认，并对双方产生法律效力。双方应基于合同行使权利、履行义务。

第5条　合同经编号、审批及公司法定代表人或由其授权的代理人签署后，方可加盖合同专用章。

第6条　合同业务经办人的权利义务。

1. 业务经办人代表公司与他人签订合同前，须进行合同专用章用印审批，经相关部门及负责人审批通过后方可使用。

2. 原则上，业务经办人不得携带合同专用章外出签订合同，若必须携带，应由公司行政部门负责人批准，并制定相应的保管措施后方能借出。外借期间，经办人与借出人对合同专用章承担全部责任。

3. 已盖章的合同和文件，如不能使用或不能执行，必须交回行政部门进行销毁。

第7条　合同专用章管理员的权利义务。

1. 合同专用章管理员应当对用印范围和用印手续严格审查，并登记用印情况。

2. 合同专用章管理员不在岗时，可指定一名临时管理员代理管理印章。

第 8 条　公司行政部门负责对合同专用章的使用情况进行监督，定期或不定期检查合同专用章使用情况。各部门应积极配合，提供相关记录和材料。

第 9 条　不得使用合同专用章的情形。

1. 空白及未经编号的合同。

2. 缺少相关部门审批及签字文件的合同。

3. 属于代签但缺少授权委托书的合同。

第 3 章　合同专用章的保管

第 10 条　合同用印后，合同专用章管理员应及时收回印章。

第 11 条　合同专用章在使用期间，管理员必须保证印章在自己的控制范围之内，以避免遗失。合同专用章在非使用期间，管理员需将印章保存在带锁的文件橱或保险柜中。

第 12 条　合同专用章丢失、损坏、被盗时，管理员应及时向行政部门负责人汇报，由行政部门负责人向公司负责人取得反馈后，再进行处理。

第 4 章　合同专用章的停用及变更

第 13 条　合同专用章的停用情形。

1. 公司名称变更。

2. 合同专用章图样改变。

3. 合同专用章损坏、遗失、被盗。

第 14 条　合同专用章的停用由公司各部门联合讨论后提出处理办法，达成一致后，报公司负责人批准，并及时将已停用的合同专用章交回行政部门封存或销毁，同时建立合同专用章上交、停用、存档、销毁的登记档案。

第 15 条　各部门变更合同专用章的程序。

1. 申请部门事先进行书面申请，注明合同专用章用途，并指定本部门的印章管理员，由部门负责人签字报请公司负责人审核审批，再报行政部门备案。

2. 变更合同专用章由公司行政部门统一办理，专用章必须按照公司统一规格、样式进行刻制。

3. 刻制后的合同专用章需送行政部门印模备案。

第 16 条　合同专用章使用不当的处罚规定。

1. 管理员没有按照用印程序使用合同专用章的，对管理员进行 ___ 处罚。

2. 管理员私自外借、自用、丢失合同专用章的，对管理员进行 ___ 处罚。

3. 管理员私自外带合同专用章的，对管理员进行 ___ 处罚。

4. 管理员对第 9 条列举情形中出现的合同进行盖章的，对管理员进行 ___ 处罚。

第 5 章 附则					
第 17 条 本制度由行政部门负责编制、解释与修订。					
第 18 条 本制度自××××年××月××日起生效。					
编修部门 / 日期		审核部门 / 日期		执行部门 / 日期	

6.2 办法

办法是人们在解决问题时需要采取的各种方法、措施和手段。它可以是针对某一问题的具体解决方案、对某一领域的规范性要求，也可以是一种应用写作的法规性文书。根据内容和性质的不同，办法一般分为实施办法和工作管理办法两大类。无论哪类办法，其条款都应具体、清晰、完整、可实施，不能过于抽象笼统。

6.2.1 办法的 3 大特性

办法的特性如表 6-2 所示。

表 6-2 办法的特性

特性	特性描述
规范性	办法是为贯彻某项工作或其一推行某种措施提出的法规性文书，主要关于有关问题的提出、解决方法的落实及详细做法的执行
单一性	办法仅适用于对某项工作或某一措施的实施进行规定，不涉及其他事宜
可操作性	办法着重于对实施某项工作或某一措施进行具体说明，一般包含采取的方法和实施的程序，为相关人员提供了明确的办事途径与操作说明

6.2.2 办法的常用句式

办法常用句式如图 6-2 所示。

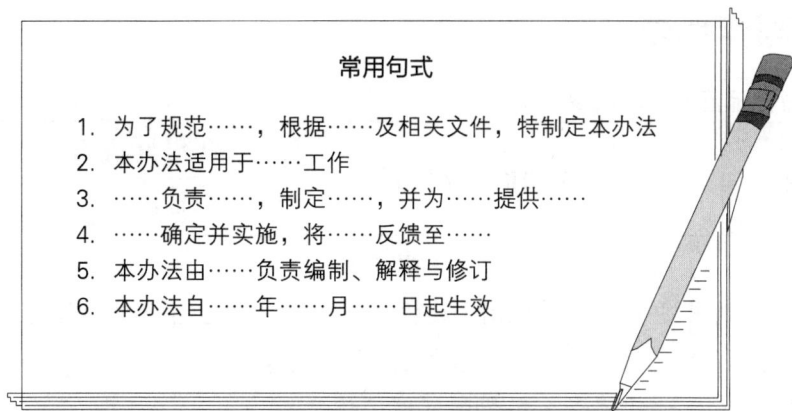

图 6-2　办法常用句式

6.2.3　办法的 2 大模块及写法

办法的结构一般由标题和正文 2 个模块组成，各模块写作思路如下。

1. 标题

标题一般由制文单位、办法内容和文种组成。如"××公司员工奖惩管理办法"。

3. 正文

正文是办法的主体部分。一般由依据、规定和说明 3 个部分组成，可分章、分条叙述，要将具体内容和措施逐条写清。结尾应标注制文部门、公布日期、生效日期。如果是单位内部公布的办法则不必盖章，如果是一级政府或一个系统的办法需公告执行者，必须加盖公章。

6.2.4　办法写作的 3 大注意事项

1. 文件引用

制定办法依据的法律法规、章程、制度应在总则中体现。

2. 解释说明

要对制度中出现的重要术语进行解释，特别是要对职责、任务、标准、要求、程序、方法中出现的术语作具体的阐述。

3. 要求具体

将事项的具体实施内容和措施逐条写清，使用主语要统一。

6.2.5 写作示范

办法的写作示范如下，供参考。

办法名称	×××公司招聘管理办法	编　号	
		受控状态	

第1章 总则

第1条 为健全人才选用机制，确保将优秀人才放在合适的岗位上，提升单位人才队伍的素质，结合本公司实际情况，特制定本办法。

第2条 本办法适用于公司招聘管理工作。

第2章 招聘前准备工作

第3条 根据公司发展战略、组织架构及人员编制情况，由人力资源部门对业务部门提报的岗位划分招聘优先级，并拟定、申报年度招聘计划。内容包括但不限于：拟招聘人员的岗位说明书、拟招聘人数、计划到岗时间等。

第4条 人力资源部根据年度招聘计划按月分解招聘目标，结合用人部门空缺岗位的招聘需求，制订月度招聘计划，并组织实施。

第3章 招聘实施

第5条 招聘渠道。

1.内部招聘。包括员工推荐、内部轮岗、内部竞聘等。

2.外部招聘。包括招聘网站、猎头、招聘会、新媒体推广、专家外聘等。

第6条 简历初筛。人力资源部门负责对收到的简历进行收集、整理，并初步筛选，邀约人才进行测评和面试。

第7条 根据业务部门的要求，依据候选人岗位类型进行相应的人才测评，测评报告作为录用依据之一，并进行存档。

第8条 面试分初试、复试、终试等多个环节，主要考察候选人的技能匹配度、价值取向和责任意识。初试由人力资源部门主导，复试由直接上级主导，终试由部门负责人或分管领导主导并决策。

第9条 人力资源部门配合各业务部门，对应聘者进行全面综合评价，择优录用。新员工的上岗时间由用人部门确定，人力资源部门负责及时通知。

第10条 人力资源部门向候选人原工作单位进行调查了解，根据背景调查的情况，确定是否录用。

第11条 对招聘实施情况进行年度、月度分析，形成分析报告，分析内容包含但不限于初试率、复试率、终试率、录用率、招聘完成率等。根据招聘效果分析数据，人力资源部门可对招聘工作进行有效性评估，持续改进招聘实施过程中的问题。

第 4 章 附则
第 12 条 本办法由人力资源部门负责编制、解释与修订。 第 13 条 本办法自 ×××× 年 ×× 月 ×× 日起生效。

编修部门 / 日期		审核部门 / 日期		执行部门 / 日期	

6.3 条例

条例是对某方面工作、某些事项或机关、单位的组织、职权等作出较全面系统的带有规章制度性质的文书。对要制定的条例内容应作深入的调查研究，对实践中出现的问题应作全面的概括与分类。

6.3.1 条例的 3 大特性

条例的特性如表 6-3 所示。

表 6-3 条例的特性

特性	特性描述
权威性	条例一经公示，就成为职工工作、完成任务时必须参照的准则，所有员工都要无条件遵循，否则将会受到行政或经济处罚
规范性	条例适用于规范某方面的工作、事项或者机关、团体的组织、职权等，具有较强的规范性和约束力
制发严格	条例制发严格主要表现在对适用对象、适用范围的限制上

6.3.2 条例的常用句式

条例常用句式如图 6-3 所示。

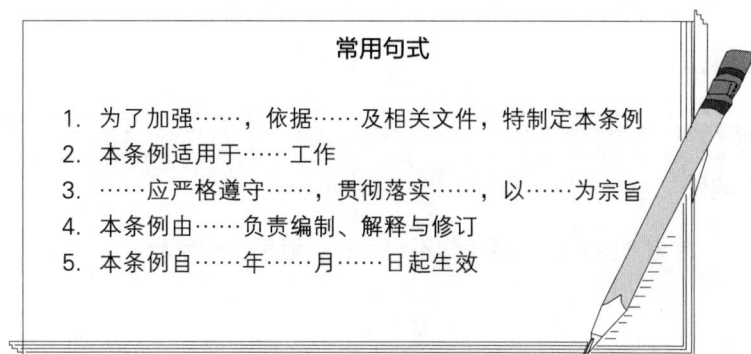

常用句式

1. 为了加强……，依据……及相关文件，特制定本条例
2. 本条例适用于……工作
3. ……应严格遵守……，贯彻落实……，以……为宗旨
4. 本条例由……负责编制、解释与修订
5. 本条例自……年……月……日起生效

图 6-3 条例常用句式

6.3.3　条例的 3 大模块及写法

条例的结构一般由标题、正文、结尾 3 个模块组成，各模块写作思路如下。

1. 标题

条例一般由制文单位、办法内容和文种组成。如"××公司员工外出管理条例"。

2. 签署

条例的签署是在标题下用括号括注相关的信息，具体的签署方式有以下 3 种。

（1）签署条例公布的日期和制发机关。

（2）签署条例通过的时间、会议和公布的日期。

（3）签署条例通过的时间、会议和公布的日期、施行的日期。

3. 正文

条例的正文可以分为因由、规范和说明 3 个部分。

（1）因由：条例的因由一般指在第一章总则的第一条中写明制定目的、依据。

（2）规范：规范是条例的主体部分，一般采用章条式的形式写作。实施法律条文的条例，内容因实施需要而确定，一般需要对原件条款、适用范围等加以具体化。管理工作规则的条例，则可多提出一些管理原则、管理责任、管理内容及要求、方法。确定职责权限的条例，规范部分主要规定有关机构、组织或人员的职责、权限、任务、组织方式。

（3）说明：说明是对实施该条例或有关事项的附带说明，内容可以包括适用范围、词义解释、制定权、解释权、监督执行权、施行日期、废止有关文件等。这部分一般在最后一章附则中列出。

6.3.4　条例写作的 4 大注意事项

1. 条例应合规

制定条例依据的法律法规、章程、制度应在总则中体现。

2. 条例应可行

条文要能实行，界限要清晰，明确规定什么能做、什么不能做，并标注违反条例的惩处标准。

3. 用词应准确

用词应准确，避免产生歧义，避免作不同解释，避免自相矛盾。

4. 条例应简明

条文语言简练，条理清楚，意思通俗易懂。

6.3.5 写作示范

条例的写作示范如下，供参考。

条例名称	××公司员工外出管理条例	受控状态	
		编　号	

第1章　总则

第1条　为加强公司员工外出工作管理，提高工作效率，结合本公司实际情况，特制定本条例。

第2条　本条例所称外出工作是指员工离开办公场所办理业务或处理工作事项的情况。

第3条　相关职责分工如下。

1. 各级负责人负责审核与批准外出申请，并对本条例的执行情况具有指导、检查、监督、劝阻、制止、纠正等管理责任。

2. 行政办公室负责外出人员登记的监督和控制，实行公司员工外出的规范化管理。

3. 公司门卫负责对员工的外出行为做好检查登记。

第2章　外出计划

第4条　员工应在每周五制订下周外出工作计划，经部门经理审核同意后按计划执行。

第5条　员工外出工作应提前安排好外出的工作内容和具体行程，并填写"员工外出工作登记表"，经部门经理签字确认并领取相关工作资料后方可外出工作。

第6条　员工临时外出，须口头向上级领导交代外出计划。

第7条　员工应合理安排外出工作时间，预计返回时间应尽量设定在下班时间前。

第3章　外出工作的返回和反馈

第8条　返回公司时间规定。

1. 员工外出按计划完成工作后，应及时返回公司，不得绕道、逗留或直接回家。

2. 特殊工作情况下，员工预计下班时间后才能返回公司的，可以直接回家，但应提前报告部门经理并征得同意后方可执行。

第 9 条 员工返回公司后应实时填写"员工外出工作登记表"，准确记录其返回时间。

第 10 条 部门经理应实时对"员工外出工作登记表"进行审核，对有关问题提出管理意见。

第 4 章 考核和处罚

第 11 条 员工外出工作相关记录将作为公司考核员工工作态度、方法等的重要依据。

第 12 条 处罚说明。员工如违反本条例规定，应依据相关规章制度予以处理。

第 5 章 附则

第 13 条 本条例由行政部门负责编制、解释与修订。

第 14 条 本条例自××××年××月××日起生效。

编制日期		审核日期		批准日期	

6.4 规定

规定是领导机关或职能部门对特定的工作、事项或者机关、团体的组织、职权等制定相应措施，具有约束力和强制执行力的法规性公文。

6.4.1 规定的 3 大特性

规定的特性如表 6-4 所示。

表 6–4 规定的特性

特性	特性描述
广泛性	规定适用范围较广，可以对一项或几项工作提出规定
事务性	规定是对某个或几个任务、事项提出具体要求的公文，就事论事，内容详细
灵活性	规定可对处于动态变化或者具有灵活性的具体工作提出管理要求

6.4.2 规定的常用句式

规定常用句式如图 6-4 所示。

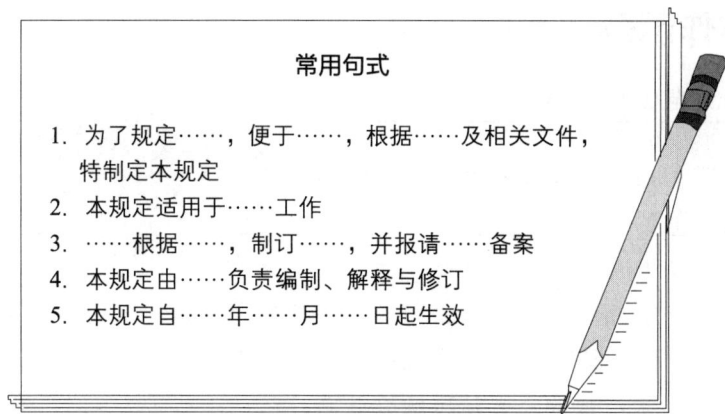

图 6-4　规定常用句式

6.4.3　规定的 2 大模块及写法

规定的结构一般由标题和正文 2 个模块组成，各模块写作思路如下。

1. 标题

规定一般由制文单位、办法内容和文种组成。如"××公司分公司财务管理规定"。

2. 正文

规定的正文表述形式一般采用条款式或章条式的形式，通常可划分为总则、分则和附则 3 个部分。总则交代制定规定的缘由、依据、指导思想、适用原则和范围等。分则即规范项目，包括规定的实质性内容和要求具体执行的依据。附则说明的是有关的执行要求等。

6.4.4　规定写作的 3 大注意事项

1. 内容具体

规定条款的内容要明确，实施内容、实施方法、实施要求、禁止性规范等要具体。

2. 研究并理解相关规范

在写作之前，要研究并理解相关的写作规范和要求。这可能包括特定的格式要求、语言风格要求以及引用和参考文献的规范。

3. 遵守法律法规和道德准则

在写作过程中，要遵守相关的法律法规和道德准则。避免涉及敏感话题或违反法律法规的内容，要尊重他人的隐私和权益。

6.4.5 写作示范

规定的写作示范如下，供参考。

规定名称	××公司分公司财务管理规定	编　号	
		受控状态	

第1条　为规范分公司的财务管理工作，便于总公司对下属各分公司的财务进行管控，根据相关法律法规，结合本公司实际情况，特制定本规定。

第2条　公司下属各分公司均执行各自的财务管理规定，但规定中的具体条款，凡不符合本规定的，均按本规定执行。

第3条　对分公司的管理实行收支两条线。即分公司的各项支出由总公司核定、划拨；营业收入（税后）全额上缴总公司。

第4条　各分公司存款规定。

1.为便于资金调度，提高资金运用效率，各分公司的存款（专项拨付款除外）限额为5万元（含库存现金），超出部分各分公司应及时上划总公司。

2.如不能及时上划的，必须作出书面说明，并经公司总裁批准，方可留存。

第5条　各分公司的会计报表应于次月3日前报总公司财务部，以便并表。各分公司还应于每月的12日、22日填报收支旬报，报总公司财务部门汇总。

第6条　各分公司要严格进行资金管理和现金管理，各类款项的支付、划转，均须有分公司负责人签字。

第7条　各分公司要严格进行费用管理，建立健全费用管理制度。

1.各分公司应每月编制费用开支预算明细表，于当月28日前将次月预算报总公司财务部门审核，并经公司总裁批准后实施。

2.今后逐步过渡到总额控制，实行包干。各分公司不得未经许可直接在营业收入中列支各项费用。

第8条　人员薪资规定。

1.各分公司的人员工资，应报总公司人力资源部门审核，经批准后，方可发放。

2.各分公司应于发薪日前5天，将工资资料报总公司人力资源部门。

3.人力资源部门会同财务部门审核后，划拨工资总额，由各分公司造表核发。

第9条　各分公司应根据公司《财务管理规则》和本规定，制定款项支付及费用开支的具体审批制度，并报总公司财务部门备案。

第 10 条　分公司会计人员管理规定。

1. 各分公司会计任用或离职均应报总公司人力资源部门审批。

2. 离职前应办好交接手续，由总公司财务总监指定专人审计并负责监交。

第 11 条　各分公司应认真执行总公司的各项财务制度和有关资产管理制度。对执行中存在的问题或未尽事宜，各分公司应及时报告，以便修改完善。

第 12 条　本规定由财务部门负责编制、解释与修订。

第 13 条　本规定自 ×××× 年 ×× 月 ×× 日起生效。

编修部门 / 日期		审核部门 / 日期		执行部门 / 日期	

6.5　细则

细则是为了贯彻某一法律、条例、办法等文件，而对其若干或个别条文制定出的具体、详细的说明性文件。细则一般由原法律、条例、规定、办法等文件的制定机构或相关职能部门制定，与原法律、条例、规定、办法等配套使用，以达到弥补原文缺陷的目的。

6.5.1　细则的 4 大特性

细则的特性如表 6-5 所示。

表 6–5　细则的特性

特性	特性描述
细致性	细则的条文翔实细致，往往会对实施过程中出现的问题、疑难、争议及特殊情况提出解决办法或进行详细说明
实用性	细则对相关工作具有指导作用
依附性	细则是对某个文件的具体解释和补充说明，是对照该文件制定的，是在原文件的基础上生成的
补充性	细则是为了补充某个文件原则性强但操作性弱的条文而制定的，以便于执行实施

6.5.2　细则的常用句式

细则常用句式如图 6-5 所示。

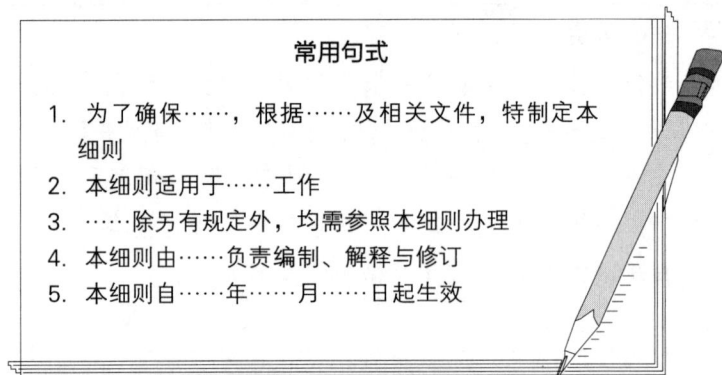

图 6-5　细则常用句式

6.5.3　细则的 2 大模块及写法

细则的结构一般由标题和正文 2 个模块组成，各模块写作思路如下。

1. 标题

细则一般由制文单位、办法内容和文种组成。如"×××公司采购付款控制细则"。

2. 正文

细则分为章条式和条项式。在章条式细则中，第一章是总则，主要说明制定本细则的目的、根据、适用范围、执行原则。中间各章是分则，每章有若干条款，根据法律、法规、规章的有关条款制定出具体的执行标准、实施措施、执行程序和奖惩措施。最后一章是附则，补充说明制文部门、生效日期等。条项式细则不分章，各条项内容更加具体。

6.5.4　细则写作的 2 大注意事项

1. 细则应完善细致

细则需要对原件的概念、范围、特殊情况以及没有反映出来的细节进行诠释。一般制度、规定等文件的编写比较概括，需要细则对其中概括性、模糊性的概念、范围加以说明、解释，对其中的特殊情况以及没有反映出来的细节进行补充界定，以便于实施。

2. 细则应切实可行

细则要做到切实可行，既要通过调查本地区、本单位的实际情况，科学预测实施中可能出现的情形，也要避免条文出现空泛的形式主义。

6.5.5　写作示范

细则的写作示范如下，供参考。

细则名称	×××公司采购付款控制细则	编　号	
		受控状态	

　　第1条　为了加强公司采购订购、付款管理控制，确保按合同付款，维护公司利益，根据相关法律法规，结合本公司实际情况，特制定本细则。

　　第2条　本公司采购付款作业，除另有规定外，均需参照本细则办理。

　　第3条　各部门职责。

　　1.采购部门负责采购订约、确定付款方式等相关工作。

　　2.财务部门负责按合同规定进行付款及相关账务的处理。

　　第4条　公司国内采购一般采用一次性后付款方式，即供应商的物资验收合格后，一次性付清该订单的货款，特殊情况需总经理核准。

　　第5条　国外采购一般采用信用证付款方式，特殊情况需总经理核准。

　　第6条　采购款项需按采购合同规定或订购单所约定的时间由采购部门向财务部门申请付款，统一支付。

　　第7条　采购部门和财务部门应根据每天的入库单或收货清单分别建立应付账款台账。

　　第8条　采购部门应在每批物资收货后一周内及每月底与供应商核对账务，防止出现差错。

　　第9条　采购部门对收货清单、结算单与订货合同、应付账款核对无误后，制订结算计划。

　　第10条　结算计划由结算人员根据订购合同的时间要求、供应商的重要性、采购物资的时间、公司现有资金情况等制订，分清轻重缓急，结算计划经采购部门经理审核后，由主管副总审批。

　　第11条　在向供应商或配送方支付货款时，结算人员须对照合同、收货清单等仔细复核，并同预付货款及应付账款等全部债权一起清理结算，防止重复付款。

　　第12条　支付货款时，财务部门一般采用银行划账的支付办法，结算人员必须在付款后5日内向供应商索要发票等有关票据或证明文件。

　　第13条　针对部分物资紧张或供应商坚持要求先款后货的情况，所付货款需由采购部门、财务部门审核，总经理严格审批后方能办理。

> 第 14 条 采购结算人员需归档保管相关的采购合同、提货凭证、收付款凭据，并设置备查登记簿，逐笔记录预付款、已付款、余款等情况。
>
> 第 15 条 本细则由采购部门负责制定、修订和解释。
>
> 第 16 条 本细则自××××年××月××日起生效。

编修部门/日期		审核部门/日期		执行部门/日期	

6.6 规范

规范，一般指组织正式地按照既定标准、规定的要求进行操作，使某一行为或活动达到或超越规定标准的文书。在企业管理中，规范是各种管理制度、规定、章程、办法等的总称，是管理人员的行为准则。

6.6.1 规范的 5 大特性

规范的特性如表 6-6 所示。

表 6-6 规范的特性

特性	特性描述
规范性	规范必须明确规定所规范事项具体的实施内容和实施方法
强制性	规范一旦制定和公示，就必须落实执行，对全体员工都有严格的约束力，任何人不得违反
科学性	规范的内容必须全面、准确，不能模糊概念，更不能出现相互矛盾的情形
稳定性	在相同的条件下，一个规范在不同时间使用时具有相同的含义
可操作性	规范必须简明清晰、通俗易懂，便于大家掌握和执行

6.6.2 规范的常用句式

规范常用句式如图 6-6 所示。

常用句式

1. 为了加强……，建立……，提高……，根据相关规定，制订本规范
2. ……应当……，严格遵守……
3. ……对……进行审核和监督，对……不予受理，并及时报告公司领导
4. 本规范由……负责编制、解释与修订
5. 本规范自……年……月……日起生效

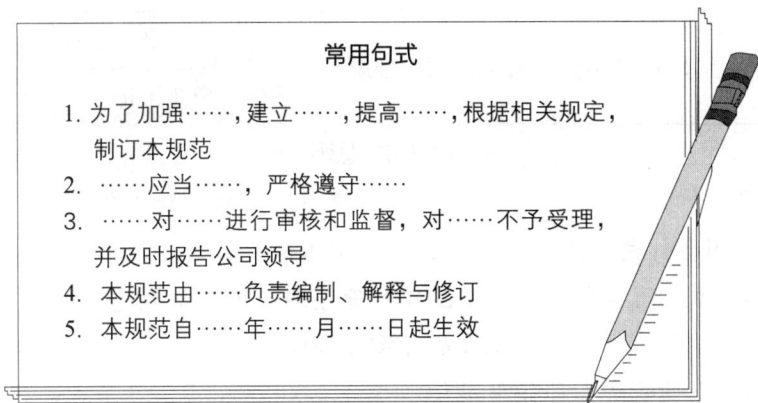

图 6-6　规范常用句式

6.6.3　规范的 2 大模块及写法

规范的结构一般由标题和正文 2 个模块组成，各模块写作思路如下。

1. 标题

规范一般由制文单位、办法内容和文种组成。如"×××公司会计人员日常管理规范"。

2. 正文

这是规范的主体部分，要将有关事项按照一定逻辑顺序逐一表述，且要尽可能涵盖工作过程的每一个环节，不能遗漏。内容复杂的使用章条式，内容简单的使用条项式。结尾部分要注明制文部门、生效期等。

6.6.4　规范写作的 2 大注意事项

1. 根据环境变化进行调整

当生存环境发生改变时，则战略、使命、文化也会相应调整，那么规范就要进行相应改变。

2. 规范不应求大而全

规范无法涉及事项的方方面面，因此应建立起支撑基本经营管理活动的框架，再通过建立沟通机制来处理事务，并以此为实例作为以后处理同类事项的标准。

6.6.5　写作示范

规范的写作示范如下，供参考。

规范名称	×××公司会计人员日常管理规范	编　号	
		受控状态	

第1章 总则

第1条 为了加强对会计日常工作的管理，提高会计工作效率，根据《中华人民共和国会计法》的相关规定，特制定本规范。

第2条 本公司会计各项基础工作的管理均应依照本规范执行。

第2章 会计组织设置

第3条 会计管理人员任用条件。

1.坚持原则，廉洁奉公。

2.主管一个部门或者部门内涉及重要内容的财务会计工作时间不少于2年。

3.熟悉国家财经法律法规、规章和方针政策,掌握本行业业务管理的相关知识。

4.有较强的组织、协调和沟通能力。

第4条 会计人员任用条件。

1.应当具备必要的专业知识和专业技能，熟悉国家相关法律法规、国家统一的会计规范和规章，遵守职业道德。

2.应当按照本公司和国家相关规范参加会计业务的培训。

第5条 会计岗位设置。

1.会计人员负责财产物资核算、工资核算、成本费用核算、财务成果核算、资金核算、往来结算、总账报表、稽核、档案管理等工作，具备会计电算化、管理会计、系统管理等职责。

2.财务部门可以根据需要设置相应的工作岗位，也可以与其他工作岗位相结合。

3.财务部门应严格遵守本公司和国家的相关规范，出纳人员不得兼管稽核、会计档案保管，以及收入、费用、债权债务账目的登记与核算工作。

第3章 会计人员职业道德

第6条 会计人员职业道德规范。

1.会计人员在会计工作中应当遵守职业道德，严守工作纪律，努力提高工作效率和工作质量。

2.会计人员应当热爱本职工作，努力钻研业务，使自己的知识和技能符合所从事工作的要求。

3.会计人员应当保守本公司的商业秘密。除法律法规要求和本公司领导同意外，不能私自向外界提供或者泄露公司的会计信息。

第7条 会计人员工作规范和要求。

1.会计人员办理会计事务时应当实事求是、客观公正。

2. 会计人员应当熟悉本公司的生产经营和业务管理情况，运用掌握的会计信息和会计方法，改善公司内部会计管理工作，提高公司经济效益。

3. 会计人员应当熟悉财经法律法规、规章和会计法规，并结合本职工作进行广泛宣传。

4. 会计人员应当按照会计法律法规和国家统一会计规范的程序和要求进行会计工作，保证所提供的会计信息合法、真实、准确、及时、完整。

…………

第 4 章　会计核算管理

第 10 条　会计核算一般要求。

1. 财务部门应当按照《中华人民共和国会计法》和国家统一会计准则的规范建立会计账册，进行会计核算，及时提供合法、真实、准确、完整的会计信息。

2. 会计凭证、会计账簿、会计报表和其他会计资料的内容必须符合国家统一会计规范，会计人员不得伪造、编造会计凭证和会计账簿，不得设置账外账，不得报送虚假会计报表。

第 11 条　会计核算依据。

1. 本公司发生的各业务在进行会计核算时，会计人员应当以实际发生的经济业务为依据，按照规范的会计处理方法进行处理，保证会计指标的口径一致、相互可比和会计处理方法的前后各期相一致。

2. 财务部门有权根据国家统一会计准则的要求，在不影响会计核算要求、财务报表指标汇总和对外统一财务报表的前提下，根据实际情况自行设置和使用会计科目。

第 5 章　会计凭证管理

第 12 条　原始凭证的要求。

1. 合法有效的原始凭证的内容必须具备凭证的名称、填制凭证的日期、填制凭证公司名称或者填制人姓名、经办人员的签名或者盖章、接收凭证公司的名称、经济业务内容等。

2. 从其他公司取得的原始凭证，必须盖有填制公司的公章；从个人取得的原始凭证，必须有填制人员的签名或者盖章；自制原始凭证必须有经办部门领导或者其指定人员的签名或者盖章；对外开出的原始凭证，必须加盖本公司公章。

3. 凡填有大写和小写金额同时存在的原始凭证，大写与小写金额必须相符。购买实物的原始凭证，必须有验收证明。支付款项的原始凭证，必须有收款单位和收款人的收款证明。

4.一式几联的发票和收据，必须用双面复写纸（发票和收据本身具备复写纸功能的除外）套写，并连续编号。作废时应当加盖"作废"戳记，连同存根一起保存，不得撕毁。

············

第6章　登记账簿

第15条　设置账簿。

1.财务部门应当按照国家统一会计规范和会计业务的需要设置会计账簿，其中包括总分类账、明细账、日记账和其他辅助性账簿。

2.现金日记账和银行存款日记账必须采用订本式账簿，由出纳人员编制，不得用银行对账单或者其他方法代替日记账。

3.本公司用计算机打印的会计账簿必须连续编号，经审核无误后装订成册，并由会计人员、会计主管和财务部门负责人签字或盖章。

第16条　账簿启用。

1.启用会计账簿时，会计人员应当在账簿封面上写明部门名称和账簿名称；在账簿扉页上应当附启用表，内容包括：启用日期、账簿页数、会计人员和财务负责人、会计主管姓名，并加盖名章和单位公章。

2.会计人员、会计主管或财务部门负责人调动工作时，应当注明交接日期、接办人员或者监交人员姓名，并由交接双方人员签名或者盖章。

············

第7章　财务报告编制

第20条　会计人员必须定期编制财务报告，以便公司主管人员了解公司财务状况。

第21条　本公司对外报送的财务报告，会计人员应当根据国家会计规范中规定的格式和要求编制。

第22条　财务报告应当根据登记完整、核对无误的会计账簿记录和其他有关资料编制，做到数字真实、计算准确、内容完整、说明清楚。

第23条　本期财务报告与上期财务报告之间有关的数字应当相互衔接。如果不同会计年度财务报告中各项目的内容和核算方法有变更的，应当在年度财务报告附注中加以说明。

第8章　附则

第24条　本规范由财务部门负责编制、解释与修订。

第25条　本规范自××××年××月××日起生效。

编修部门 / 日期	审核部门 / 日期	执行部门 / 日期

6.7　标准

标准是对科学、技术和实践的经验、规律进行总结的文书。是为了在一定的范围内获得最佳秩序，由组织制定的解决实际问题或潜在问题的规则，经有关方面协商一致，由主管机构批准，以特定形式发布的作为共同遵守的准则和依据。

6.7.1　标准的 3 大特性

标准的特性如表 6-7 所示。

表 6-7　标准的特性

特性	特性描述
科学性	标准必须以客观事实和科学原理为依据，符合事实真相，不能主观臆断
可分解性	标准是对某一具体任务或事物进行详细分解的文书
动态性	标准是动态的，需要根据科学技术的发展、产品和工程的变化、管理和实践的需要等，及时修订和完善

6.7.2　标准的常用句式

标准常用句式如图 6-7 所示。

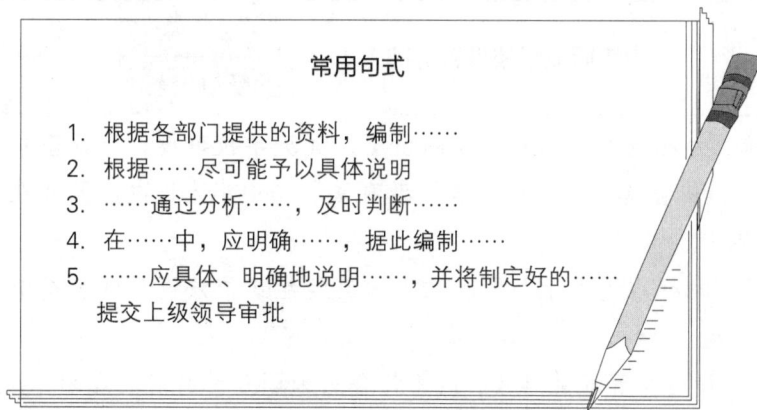

常用句式

1. 根据各部门提供的资料，编制……
2. 根据……尽可能予以具体说明
3. ……通过分析……，及时判断……
4. 在……中，应明确……，据此编制……
5. ……应具体、明确地说明……，并将制定好的……提交上级领导审批

图 6-7　标准常用句式

6.7.3　标准的 2 大模块及写法

标准的结构一般由标题和正文 2 个模块组成，各模块写作思路如下。

1. 标题

标题一般由办法内容和文种构成，如"高等职业学校设置标准"。

2. 正文

正文是标准的主体，其结构一般由开头、主体、结尾等部分组成。开头部分主要说明制定该标准的依据和适用范围；主体部分则详细阐述标准的各项具体要求；结尾部分要标明标准的制文部门、实施时间和之前相关文件的废止等。

6.7.4　标准写作的 2 大注意事项

1. 注意范围

标准中一切规范性的内容都是在"范围"所界定的界限、领域内起作用。

2. 注意全面性

标准中如果出现风险性预测和经费预算，应考虑财务、人员、建材、设施、法务等各方面的因素，再行编写。

6.7.5　写作示范

标准的写作示范如下，供参考。

标准名称	中等职业学校设置标准	编　号	
		受控状态	

第 1 条　为规范中等职业学校的设置，促进学校建设，保证教育质量，提高办学效益，依据《中华人民共和国教育法》《中华人民共和国职业教育法》制定本标准。

第 2 条　本标准适用于公民、法人和其他组织依法设置的各类中等职业学校。

第 3 条　设置中等职业学校，应当符合当地职业教育发展规划，并达到《中华人民共和国职业教育法》规定的基本条件。

第 4 条　中等职业学校应当具备法人条件，并按照国家有关规定办理法人登记。

第 5 条　设置中等职业学校，应具有学校章程。学校章程包括：名称、校址、办学宗旨、学校内部管理体制和运行机制、教职工管理、学生管理、教育教学管理、校产和财务管理、学校章程的修订等内容。

第 6 条 中等职业学校应当具备基本的办学规模。其中，学校学历教育在校生数应在 1200 人以上。

第 7 条 中等职业学校应当具有与学校办学规模相适应的专任教师队伍，兼职教师比例适当。

专任教师一般不少于 60 人，师生比达到 1：20，专任教师学历应达到国家有关规定。专任教师中，具有高级专业技术职务人数不低于 20%。

专业教师数应不低于本校专任教师数的 50%，其中双师型教师不低于 30%。每个专业至少应配备具有相关专业中级以上专业技术职务的专任教师 2 人。

聘请有实践经验的兼职教师应占本校专任教师总数的 20% 左右。

第 8 条 应有与办学规模和专业设置相适应的校园、校舍和设施。

校园占地面积（不含教职工宿舍和相对独立的附属机构）：新建学校的建设规划总用地不少于 40000 平方米；生均用地面积指标不少于 33 平方米。

校舍建筑面积（不含教职工宿舍和相对独立的附属机构）：新建学校建筑规划面积不少于 24000 平方米；生均校舍建筑面积指标不少 20 平方米。

体育用地：应有 200 米以上环型跑道的田径场，有满足教学和体育活动需要的其他设施和场地，符合《学校体育工作条例》的基本要求。卫生保健、校园安全机构健全，教学、生活设施设备符合《学校卫生工作条例》的基本要求，校园安全有保障。

图书馆和阅览室：适用印刷图书生均不少于 30 册；报刊种类 80 种以上；教师阅览（资料）室和学生阅览室的座位数应分别按不低于专任教师总数的 20% 和学生总数的 10% 设置。

仪器设备：应当具有与专业设置相匹配、满足教学要求的实验、实习设施和仪器设备。工科类专业和医药类专业生均仪器设备价值不低于 3000 元，其他专业生均仪器设备价值不低于 2500 元。

实习、实训基地：要有与所设专业相适应的校内实训基地和相对稳定的校外实习基地，能够满足学生实习、实训需要。

要具备能够应用现代教育技术手段，实施现代远程职业教育及学校管理信息化所需的软、硬件设施、设备。其中，学校计算机拥有数量不少于每百生 15 台。

第 9 条 中等职业学校实行校长负责制。中等职业学校应当配备有较高思想政治素质和较强管理能力、熟悉职业教育发展规律的学校领导。

校长应具有从事三年以上教育教学工作的经历，校长及教学副校长应具有本科以上学历和高级专业技术职务，其他校级领导应具有本科以上学历和中级以上专业技术职务。

第 10 条　设置中等职业学校，应具有符合当地社会经济建设所需要的专业，有明确的教学计划、教学大纲等教学文件，以及相适应的课程标准和教材。

第 11 条　中等职业学校应当具有必要的教育教学和管理等工作机构。

第 12 条　中等职业学校办学经费应依据《中华人民共和国职业教育法》和地方有关法规多渠道筹措落实。学校基本建设、实验实训设备、教师培训和生均经费等正常经费，应有稳定、可靠的来源和切实的保证。

第 13 条　本标准为设置中等职业学校的基本标准，是教育行政部门审批、检查、评估、督导中等职业学校的基本依据。如今后国家有关部门对中等职业学校生均用地面积和生均校舍建筑面积有新规定，以新规定为准。省级教育行政部门可制定高于本标准的中等职业学校设置办法。

对于边远贫困地区设置中等职业学校，其办学规模和相应的办学条件可适当放宽要求。具体标准由省级教育行政部门依据本标准制定，报教育部备案。

对体育、艺术、特殊教育等类别中等职业学校，其办学规模及其相应办学条件的基本要求，由教育部会同有关部门另行公布。

第 14 条　本标准自发布之日起施行。2001 年教育部制定的《中等职业学校设置标准（试行）》同时废止。

编制日期		审核日期		批准日期	

6.8　AIGC 工具在规章制度类文书写作中的应用

在规章制度类文书如制度、办法、条例、规定、规范、细则、标准等的写作中，有很多 AIGC 工具可以使用，比如 MM 智能助理、文心一言、360 智脑、讯飞星火、智谱清言、豆包、天工 AI 助手、通义千问等都可以应用于规章制度类文书的辅助写作，帮助公文写作者提高工作效率。

表 6-8 是常用的 AIGC 工具的功能和使用方法总结。

表 6-8　AIGC 工具的功能和使用方法

工具名称	应用类型	功能	使用方法
MM 智能助理	制度、办法、条例、规定、规范、细则、标准等	基于深度学习算法，自动生成符合规范的文本内容，提高工作效率	1. 打开 MM 智能助理的网站或 App，选择规章制度文书类型 2. 输入关于标题、正文等的必要信息 3. 根据需要选择文本的长度、语言和表达方式 4. 完成写作后，可直接导出为 Word 或 PDF 格式
文心一言	制度、办法、条例、规定、规范、细则、标准等	基于自然语言处理技术，自动生成符合规范的文本内容，提高工作效率	1. 在文心一言的网站或 App 中输入与标题和正文相关的内容 2. 根据需要选择文本的长度、语言和表达方式 3. 完成写作后，可直接导出为 Word 或 PDF 格式
360 智脑	制度、办法、条例、规定、规范、细则、标准等	基于自然语言处理技术，自动生成符合规范的文本内容，提高工作效率	1. 打开 360 智脑的网站或 App，选择规章制度文书类型 2. 输入关于标题、正文等的必要信息 3. 根据需要选择文本的长度、语言和表达方式 4. 完成写作后，可直接导出为 Word 或 PDF 格式
讯飞星火	制度、办法、条例、规定、规范、细则、标准等	基于自然语言处理技术，自动生成符合规范的文本内容，提高工作效率	1. 在讯飞星火的网站或 App 中输入与标题和正文相关的内容 2. 根据需要选择文本的长度、语言和表达方式 3. 完成写作后，可直接导出为 Word 或 PDF 格式
智谱清言	制度、办法、条例、规定、规范、细则、标准等	基于自然语言处理技术，自动生成符合规范的文本内容，提高工作效率	1. 打开智谱清言的网站或 App，选择规章制度文书类型 2. 输入关于标题、正文等的必要信息 3. 根据需要选择文本的长度、语言和表达方式 4. 完成写作后，可直接导出为 Word 或 PDF 格式
豆包	制度、办法、条例、规定、规范、细则、标准等	基于深度学习算法，自动生成符合规范的文本内容，提高工作效率	1. 打开豆包的网站或 App，选择规章制度文书类型 2. 输入关于标题、正文等的必要信息 3. 根据需要选择文本的长度、语言和表达方式 4. 完成写作后，可直接导出为 Word 或 PDF 格式
天工 AI 助手	制度、办法、条例、规定、规范、细则、标准等	基于自然语言处理技术，自动生成符合规范的文本内容，提高工作效率	1. 在天工 AI 助手的网站或 App 中输入与标题和正文相关的内容 2. 根据需要选择文本的长度、语言和表达方式 3. 完成写作后，可直接导出为 Word 或 PDF 格式
通义千问	制度、办法、条例、规定、规范、细则、标准等	基于自然语言处理技术，自动生成符合规范的文本内容，提高工作效率	1. 在通义千问的网站或 App 中输入与标题和正文相关的内容 2. 根据需要选择文本的长度、语言和表达方式 3. 完成写作后，可直接导出为 Word 或 PDF 格式

以上 AIGC 工具可以辅助公文写作者快速生成符合规范的规章制度。通过使用这些工具，公文写作者可以节省大量的时间和精力，尤其是对于需要大量编写规章制度的人员来说，更是如此。

然而，我们也需要注意，尽管 AIGC 工具可以提供很大的帮助，但它们并不能完全替代人类的智慧和人工检查、修改的步骤。规章制度写作需要考虑到诸多因素，包括但不限于法律法规、政策、文化及受众的需求等。这些因素需要人类的专业知识和经验来进行权衡和决策。

因此，在使用 AIGC 工具生成规章制度时，我们需要结合人类的智慧，进行必要的检查和修改。这不仅可以确保规章制度的准确性和专业性，还可以提高工作效率和质量。

第7章
法律类文书

7.1 侦查文书

侦查文书是刑事侦查部门依据中国刑法、刑事诉讼法逮捕拘留条例和公安机关、国家安全机关等侦查机关的有关文件的规定，在办案过程中形成的、具有一定的文书格式和规则的、客观反映侦查活动的特定文件，具有法律效力。

7.1.1 常用的 10 种侦查文书

常用的侦查文书如表 7-1 所示。

表 7–1 常用的侦查文书

文书名称	说明
受理刑事案件登记表	是公安司法机关在接受公民报案、控告、举报或犯罪嫌疑人自首时制作的法律文书
刑事案件立案报告书	是公安机关的侦查人员在审查接到报案、控告、举报、自首的相关材料后，决定对符合立案条件的案件进行立案时制作的报请领导审批决定是否立案侦查的文书
刑事案件破案报告书	是公安机关办案部门对查清了犯罪事实，认定了犯罪嫌疑人，并已收集了确凿证据的刑事案件，报请领导批准破案的法律文书
呈请拘传报告书	是办案机关认为犯罪嫌疑人符合拘传条件，需要犯罪嫌疑人到案接受询问时制作的报请县级以上公安机关负责人审批的文书

续表

文书名称	说明
拘传证	是公安机关在侦查过程中，依法拘传犯罪嫌疑人到案接受询问的凭证文书
取保候审决定书	是公安机关在侦查过程中依法对犯罪嫌疑人采取取保候审措施的凭证文书
保证书	是保证人出具的，向取保候审机关保证犯罪嫌疑人在取保候审期间不逃避侦查、起诉和审判，随传随到的具有法律约束力的文书
监视居住决定书	是公安机关决定对犯罪嫌疑人采取监视居住措施时制作的文书
拘留证	是公安机关依法对被拘留人执行拘留时制作的具有法律效力的文书
逮捕证	是公安机关执行逮捕时使用的法律凭证

7.1.2　侦查文书的行文规则

侦查文书的行文规则如表 7-2 所示。

表 7–2　侦查文书的行文规则

行文规则	说明
内容真实	侦查文书涉及的有关人员、情况、事件、证据必须真实
时间控制	侦查文书具有极强的严肃性，一定要注意侦查文书的时间，保证侦查文书的法律效力

7.1.3　侦查文书的写作模板

侦查文书的写作模板如下，此处以刑事案件立案报告书为例。

×××公安局关于×××案的立案报告书

×公（ ）立字〔20××〕×号

一、立案的事实依据

××

二、立案理由及法律依据

××

三、侦查计划

××××××××××××××××××××××××××××××××××××××

××××××××××××××××××××××

以上报告，请审批。

承办单位：×××××××

承办人：×××

制作日期：××××年××月××日

（印章）

7.1.4　侦查文书写作的 4 大注意事项

侦查文书写作的注意事项如表 7-3 所示。

表 7-3　侦查文书写作的注意事项

注意事项	说明
了解案件	在写作侦查文书前，应当充分了解案件事实情况
依据法律法规	侦查文书必须依据刑法、刑事诉讼法、逮捕拘留条例和公安机关、国家安全机关等侦查机关的有关文件的规定制作，严肃、严谨、符合法律规定，办案人员在填写法律依据时，一定要找准适用的法律条款
注意细微差别	注意同类侦查文书之间的细微差别，确保文书在侦查活动中得以准确使用
结构严谨	侦查文书的内容安排和结构设置要严谨，列明所需的材料、法律依据

7.1.5　写作示范

侦查文书的写作示范如下，以呈请拘留报告书为例。

呈请拘留报告书

×公（刑）拘字〔××××〕第×号

犯罪嫌疑人张三，曾用名张×三，男，××××年××月××日出生，×族，出生地为××省××市××区××镇××村××组，现居××省××市××镇××街××号。

现呈请拘留犯罪嫌疑人张三，理由如下：

犯罪嫌疑人张三于××××年××月××日深夜 1 时许，于××镇××街翻墙进入被害人黎××家里，趁屋内没人，撬开黎××卧室内箱子，盗走项链 1 条（价值 998 元），手表 1 块（价值 1998 元），现金 2000 元。犯罪嫌疑人张三离开黎 ×× 住所后，在街上遇到巡逻民警，民警看张三形迹可疑，便想叫住张三询问情况，张三立刻逃跑，最终被民警追上控制，从身上搜出了盗窃的赃物，并被送至我局。

综上所述，犯罪嫌疑人张三的行为触犯了《中华人民共和国刑法》第二百六十四条，涉嫌盗窃罪。根据《中华人民共和国刑事诉讼法》第八十二条的规定，特呈请对犯罪嫌疑人张三刑事拘留。

妥否，请批示。

承办单位：××××

承办人：××

××××年××月××日

（印章）

7.2 检察文书

检察文书是各级人民检察院为实现法律监督的职能而依法制作的具有法律效力和法律意义的法律文书的总称。它是各级人民检察院行使检察权的重要文字凭证和保障法律实施的重要工具。

7.2.1 检察文书的各种类型

检察文书的类型如表 7-4 所示。

表 7-4 检察文书的类型

划分依据	类型说明
案件诉讼性质	可分为刑事案件检察文书和民事、行政案件检察文书
适用场合	可分为公开对外的诉讼文书和内部使用的工作文书
诉讼阶段和性质、作用	可分为立案文书，侦查文书，审查批捕和其他强制措施文书，审查起诉和出庭文书，抗诉记录，监所检察和法律监督文书，控告申诉检察和刑事赔偿文书，审批延长办案期限文书，辩护代理文书和其他文书
业务部门分工和案件来源	可分为刑事检察文书，直接受理侦查（反贪污贿赂和法纪检察）案件文书，监所检察文书，控告申诉检察（包括刑事赔偿）文书和民事、行政检察文书
制作形式	可分为文字叙述式文书，填空式文书，笔录式文书和表格式文书

7.2.2 检察文书的行文规则

检察文书的行文规则如表 7-5 所示。

表 7-5 检察文书的行文规则

行文规则	说明
准确规范	检察文书体现了各级人民检察院的权威性，其形式与内容必须准确规范
依法而制	制作检察文书时必须严格依照相关法律，不可按照个人意志自由、散漫地进行制作
理由充分	检察文书中提及的内容要建立在事实基础上，并依据相关法律规定，理由要充分
时间严谨	检察文书的制作时间关系到人民检察院相关调查活动是否合法，应仔细填写

7.2.3 常用的 4 种检察文书

常用的检察文书如表 7-6 所示。

表 7-6 常用的检察文书

文书名称	说明
立案决定书	是公安机关或人民检察院对管辖范围内有线索，经过审查认为有犯罪事实需要追究刑事责任的案件，决定立案予以侦查时制作的法律文书，表明案件已进入侦查阶段
批准逮捕决定书	是人民检察院对公安机关提请逮捕犯罪嫌疑人的案件后，认为犯罪嫌疑人的行为确实符合法定的逮捕条件，依法决定批准公安机关逮捕犯罪嫌疑人时制作的文书
起诉书	是人民检察院在侦查或审查后，确认被告人的行为构成犯罪，决定对被告人提起公诉，请求法院对被告人进行审判时制作的法律文书
不起诉决定书	是人民检察院审查侦查终结的刑事案件后，认为依法不应追究犯罪嫌疑人的刑事责任或不需判处刑罚或经退回补充侦查仍证据不足的，决定不将犯罪嫌疑人移送人民法院进行审判时制作的文书

7.2.4 检察文书的写作思路

检察文书的写作思路如表 7-7 所示。

表 7-7 检察文书的写作思路

序号	写作思路
1	确定案件的各项事实要素。如犯罪的时间、地点、相关人物、过程、手段、结果、犯罪嫌疑人的认错态度、动机等
2	明确各类检察文书的构成要素和写作要求。如立案决定书为两联填空式文书，第一联为存根，统一保存，第二联为正本，附卷。第一联正文部分应填写案由、涉案人基本情况、批准人签名、承办人签名、办案单位名称等，第二联则需写明法律依据与决定事项
3	正文内容写作完成后，要注意进行检查。检查时间、文书规范、案件细节等是否符合法律规定

7.2.5　写作示范

检察文书的写作示范如下，以起诉书为例。起诉书分为自然人犯罪案件适用、单位犯罪案件适用和刑事附带民事诉讼案件适用三种，此处举例为自然人犯罪案件适用的起诉书。

×××省人民检察院起诉书

××检××刑诉〔××××〕×号

犯罪嫌疑人张三，曾用名张×三，男，××××年××月××日出生，身份证号码：×××××××××××××××××××，×族，中专文化，出生地为××省××市××区××镇××村××组，无业人员，现居××省××市××镇××街××号。××××年××月××日因涉嫌非法行医罪，经我省人民检察院决定，由××区公安局执行逮捕，现羁押于××区××看守所。

本案由××区公安局侦查终结，以被告人张三涉嫌非法行医罪，于××××年××月××日向本院移送审查起诉。本院受理后，于××××年××月××日已告知被告人有权委托辩护人，××××年××月××日已告知被害人近亲属有权委托诉讼代理人，本院依法讯问了被告人，听取了被害人的诉讼代理人白××和被告人的辩护人黄××的意见，审查了全部案件材料。

经依法审查查明：被告人张三在未取得医师资格证和医师执业证书的情况下，……私自行医行为违反了《中华人民共和国刑法》的规定，属非法行为。
……

根据以上分析可知，……被告人应对其非法行医行为造成被害人白×死亡的后果承担相应的刑事责任。

本院认为，被告人张三在没有医师资格证和医师执业证书的情况下，私开诊所，非法行医，在行医过程中造成了被害人死亡的严重后果，其行为触犯了《中华人民共和国刑法》第三百三十六条的规定，构成非法行医罪。根据《中华人民共和国刑事诉讼法》第一百七十六条的规定，提起公诉，请依法判处。

此致
×××省高级人民检察院

检察长：×××
××××年××月××日
（院印）

7.3　裁判文书

裁判文书是诉讼活动结果的载体，是法院在处理诉讼案件时，依法制作并使用的记载人民法院审理过程和结果的，具有法律效力或法律意义的文书的总称。按照案件性质可分为刑事裁判文书、民事裁判文书和行政裁判文书。

7.3.1　裁判文书的 3 大特性

裁判文书的特性如表 7-8 所示。

表 7-8　裁判文书的特性

特性	特性描述
规范性	裁判文书是人民法院行使裁判权的重要体现，必须按照最高人民法院相关规定和统一的标准进行制作，符合规范性要求
合法性	裁判文书是为具体实施法律而制作的司法公正的载体，其格式规范与文书内容都要符合实体法规范和程序法规范的要求
权威性	裁判文书是实施国家法律的重要手段，是宣传社会主义法制的重要教材，其内容具有权威性

7.3.2　裁判文书的类型与作用

裁判文书的类型与作用如表 7-9 所示。

表 7-9　裁判文书的类型与作用

文书类型	作用
刑事裁判文书	1. 刑事裁判文书是人民法院具体实施法律的重要文字载体，体现了人民法院的审判权 2. 刑事裁判文书记载了刑事审判的过程，能够体现司法结果与过程的公正性 3. 刑事裁判文书可以有效宣扬法制相关知识 4. 刑事裁判文书可以为之后发生的类似案件提供判决参考
民事裁判文书	1. 民事裁判文书可以为人民法院搭建与社会公众沟通的桥梁 2. 民事裁判文书根据案件类型和不同省级进行的分类是十分清晰的，有利于实现案件裁判文书的简繁分流 3. 质量优秀的民事裁判文书向社会公众体现国家审判权的公正性
行政裁判文书	1. 行政裁判文书可以依法有效保护公民、法人或者其他组织的人身权利、财产权利和其他权利，及时、合法地解决行政争议 2. 行政裁判文书有利于监督行政机关依法行使职权的情况

7.3.3　裁判文书的 3 大模块及写法

裁判文书有着严格、规范的结构，此处以第一审刑事判决书的结构及写法为例，对裁判文书的结构进行说明。裁判文书的结构一般由首部、正文和尾部 3 个模块组成，各模块写作思路如下。

1. 首部

（1）标题。标题应于正中分两行写法院名称和文书名称。法院名称须与院印名称一致，其中，基层法院应冠以省、自治区或直辖市的名称，若是涉外案件，各级法院均应冠以我国国名，以体现国家主权和涉外因素。如"中华人民共和国最高人民法院涉外刑事判决书"。

（2）编号。裁判文书编号由立案年度、制作法院、案件性质、审判程序的代字和案件的顺序号组成。照此规则，第一审刑事判决书的编号即为"（××××）× 刑初字第 × 号"。

（3）公诉机关。如果涉及的是公诉案件，此处需写明提起公诉的检察机关的全称。

（4）被告人的基本情况。这是首部内容最丰富的部分，应写明被告人的姓名（注明与案情有关的别名、化名和绰号），性别，出生年月日，民族，出生地，文化程度，职业或工作单位和职务，住址，以及是否有前科，前科种类，因本案所受强制措施情况，现羁押何处等内容。

（5）辩护人的基本情况。此处需注意，辩护人的身份不同，需要写的内容也不同。辩护人若是律师，需写明姓名、工作单位和职务。辩护人若是被告人亲友或监护人，需写明其姓名、工作单位、职务、与被告人的关系。辩护人若是由被告人所在单位推荐的或人民团体推荐的或经人民法院许可的公民，需写明其姓名、工作单位和职务。辩护人若是人民法院指定的，需写为"指定辩护人"。

2. 正文

（1）案件的相关情况。写明案件的前因后果、公诉日期、审判方式与经过。

（2）事实。写明检察机关指控被告人犯罪的基本内容、被告人的供述、辩解和辩护人的观点及判决确认的犯罪事实。

（3）理由。以事实为根据，写明对事实的分析与论证、犯罪性质的认定、罪责的确定、犯罪的社会危害性的说明、法律条款的适用等内容。

（4）判决结果。以事实及理由的内容为依据，写明案件最终的定性处理结论，注意结论要与事实、理由所体现的内容相一致，罪名要与理由部分一致，不可前后矛盾，刑种、刑期表述要准确、规范，符合法律条文规定，做到准确定罪，恰当量刑。

3. 尾部

（1）上诉期限、上诉法院、上诉方式。即在正文后另起一行写明"如不服本判决，可在接到判决书的第二日起十日内，通过本院或者直接向 ××× 人民法院提出上诉"。

（2）署名。由参加审判案件的合议庭组成人员署名。

（3）日期。写明当庭宣判的日期或者签发判决书的日期。

7.3.4　裁判文书写作的 3 大注意事项

1. 证据确凿

写入文书的、用作认定事实的证据，必须经过核实，保证证据是确凿可靠的。

2. 态度严谨

在列明证明案件事实的证据时，要注意对证据进行分析、认证，只有经法庭公开举证、质证的证据，才能认证，并用来证明案件事实。裁判文书写作时要充分体现法官认证和采信证据的过程，以严谨态度分析、认证证据。

3. 逻辑严密

裁判文书写作时应当选择合适的推理方法，将理由分析透彻，推理过程要缜密，思路清晰，符合逻辑。

7.3.5　写作示范

裁判文书的写作示范如下，以第一审刑事判决书为例。

××省××市××区人民法院
刑事判决书

（××××）×刑初字第××号

公诉机关××市××区人民检察院。

被告人张三，男，××××年×月××日出生于××省××市，汉族，初中文化，无职业，现住××省××市××新区××镇××村××号。因涉嫌抢劫罪于××××年××月×日被刑事拘留，同年××月××日被依法逮捕。现羁押于××市××区看守所。

辩护人李×四，××律师事务所律师。××市××区人民检察院以××检刑诉〔××××〕××号起诉书指控被告人张三犯抢劫罪，于××××年××月××日向本院提起公诉。本院依法组成合议庭，公开开庭审理了本案。××市××区人民检察院检察员王××出庭支持公诉，被告人张三及其辩护人李×四到庭参加诉讼。现已审理终结。

　　××市××区人民检察院指控，被告人张三于××××年××月××日××时许，在××市××区××路××号，系被害人李×家中，以对被害人李×下安眠药的手段，抢走被害人李×的照相机、手表、平板电脑等物品。被抢物品经鉴定，价值人民币××××元。公诉机关就上述事实，向本院提供了被害人陈述、证人证言、物证照片、扣押发还物品清单、辨认笔录、价格鉴定结论书、被告人供述等证据材料，提请本院依照《中华人民共和国刑法》第二百六十三条的规定，对被告人张三以抢劫罪处罚。

　　被告人张三辩称，其只偷了被害人的东西，并没有用安眠药迷倒被害人，没有抢劫。

　　被告人张三的辩护人的辩护意见是，……

　　经审理查明，……被盗物品经鉴定价值人民币××××元。

　　另查明，……均未检出麻醉药物成分。

　　上述事实，有公诉机关提供的公安机关依法调取的下列证据证明：

　　1.被害人李×的陈述，其与被告人一同进餐，离开餐厅去洗手间回来后，喝了一点饮料不知何时就睡着了，醒来后发现张三不见了，家里的相机、手表、平板电脑也不见了，被害人认为是被告人对其实施麻醉后盗走的。

　　2.被害人所在小区的监控，证实被告人当日确实到过被害人住处，在被告人离开后一段时间，被害人曾到过小区物业服务中心反映其家中遭窃。

　　3.物业人员反映，被害人到物业服务中心时，有神志不清、走路不稳的情况。

　　4.物证照片，被告人张三案发前购买的乙醚。

　　5.涉案相机、手表、平板电脑等物证照片，证实为被害人丢失的物品；扣押发还物品清单，证实涉案赃物相机、手表、平板电脑已被公安机关依法扣押，并返还被害人李×的事实。

　　6.辨认笔录，经辨认，被害人李×指认出被告人张三系拿走物品的行为人。

　　7.价格鉴定结论书，证实涉案赃物经评估价值人民币××××元。

　　8.被告人张三的供述，证实其确实趁被害人熟睡之机拿走被害人财物。

　　上述证据，……本院认为证据1、2、3证实被告人盗窃部分的事实，有其他证据佐证，能够证明本案事实，本院予以采信。但证实被告人使用了麻醉药物部分的证言与公安机关的科学检验及情况说明相悖，故被害人陈述使用麻醉药物部分的证言，无证据支持，本院不予采信。关于证据4，因与本案无关，不予认证。其他证据被告人及辩护人均未提出异议，予以采信。

　　本院认为，被告人张三以非法占有为目的，秘密窃取公民财物，数额较大，其行为侵犯了公民财产所有权，应依法承担刑事责任。……综上，依照《中华人民共和国刑法》第二百六十四条、第五十三条、第六十四条的规定，判决如下：

被告人张三犯盗窃罪，判处有期徒刑十一个月，并处罚金人民币7000元（刑期从判决执行之日起计算。判决执行以前先行羁押的，羁押一日折抵刑期一日，即自××××年××月××日起至××××年××月××日止。罚金于判决生效后十日内缴纳）。

如不服本判决，可在接到判决书的第二日起十日内，通过本院或者直接向××省××市中级人民法院提出上诉。书面上诉的，应当提交上诉状正本一份，副本两份。

审判长：×××

审判员：×××

人民陪审员：×××

（院印）

××××年×月××日

本件与原本核对无异

书记员 ×××

7.4　公证文书

公证文书，即公证机构根据当事人的申请，以事实和法律为基础，按照一定的法律程序和格式出具的证明法律行为、具有特殊法律效力和法律意义的各类法律文书。常用的有合同公证书、招标公证书、拍卖公证书等。

7.4.1　公证文书的 3 种类型

公证文书的类型如表 7-10 所示。

表 7–10　公证文书的类型

类型	类型说明
公证书	公证机构在审查核实当事人申请的公证事项后，认为当事人的申请符合公证条件，遂按照法定程序为当事人制作的具有特殊法律效力的司法证明书
公证决定书	公证机构为解决某些公证程序事项，根据事实和法律而制作的书面处理意见
公证通知书	公证机构为了向当事人通告公证决定或其他公证程序事项而制作的文书

7.4.2　公证文书的 3 大作用

公证文书的作用如表 7-11 所示。

表 7–11　公证文书的作用

作用	说明
证明	公证文书是一种极其可靠的证据，公证文书的接受者，可不审查而将公证文书作为认定事实的依据
监督	公证文书可以促进公让当事人在开展相关民商事活动时的诚实守信用行为，监督公让当事人依照法律法规实施法律行为
法律行为生效要件	依照法律法规、规章规定或当事人的约定，特定的法律行为只有经过公证证明才具有法律效力，未履行公证程序经公证证明的行为，不具有法律效力

7.4.3　公证文书的 5 种适用情形

公证文书的适用情形如表 7-12 所示。

表 7–12　公证文书的适用情形

适用情形	说明
证明法律行为	通过公证文书证明合同或协议签订、继承、遗嘱、招标、拍卖、声明、捐赠及法律允许的各种法律行为
证明具有法律意义的事实	通过公证文书证明具有法律意义的事实，如出生证明、死亡证明、学历证明、资信状况证明、不可抗力事件证明、意外事件证明等
证明具有法律意义的文书	通过公证文书证明营业证书、专利证书公司章程、合伙章程、人民法院生效判决书等的法律效力
为债权文书赋予强制执行力	公证机关在满足某些条件的情况下，认定债务文书无疑义，通过公证文书赋予债务文书强制执行效力
保全证据	当事人在正式提起诉讼前，申请公证机关保存相关的证据与资料，保证证据和资料的真实性及效力

7.4.4　公证文书的 3 大模块及写法

公证文书的结构一般由首部、正文和尾部 3 个模块组成，各模块写作思路如下。

1. 首部

首部一般由文书名称、文书编号、当事人基本情况和公证事项组成。

（1）文书名称。正文上部居中写明"公证书"即可。

（2）文书编号。写在公证书正文右上方，文书编号由年度编号、公证类别代码和序号编码组成。

（3）当事人基本情况。写明公证申请人、关系人、代理人的基本情况。

（4）公证事项。写明公证事项的基本情况、公证证明对象的名称，需注意公证证明对象的名称要在公证事项的基本情况后另起一行写明。

2. 正文

正文部分为公证书的证词，分为定式公证文书和要素式公证文书。

（1）定式公证文书。正文内容已经按照一定的模板固定列出，只需按实际情况填空即可。

（2）要素式公证文书。正文内容由必备性要素与选择性要素组成，必备性要素是证词中必须有的内容，选择性要素根据实际情况选择填写的内容。

3. 尾部

尾部主要包括公证机构全称、承办公证员签名章或签名、出证日期、公证机构红色公证钢印等内容。

7.4.5　写作示范

公证文书的写作示范如下，供参考。

公证书

（××××）××证民字第××号

申请人：张×三，男，××××年××月××日出生，现住××省××市××区××街道，身份证号码：×××××××××××××××××××。

被继承人：张×华，男，××××年××月××日出生，生前住××省××市××区××街道，身份证号码：××××××××××××××××××××。

公证事项：继承权公证。

申请人张×三因继承被继承人张×华的遗产，于××××年××月××日向我处申请办理继承权公证。

根据《中华人民共和国公证法》的规定，我处对申请人提交的权利证明及相关证据材料进行了审查核实，并对申请人进行了询问，现审核情况如下：

一、被继承人张×华于××××年××月××日死亡。

二、被继承人张×华死亡时在××省××市××区××街道（房屋所有权证书编号为连房权证×字第××××号，建筑面积为180平方米）留有一处房产，此房产是张×华的个人财产。

三、申请人称，被继承人张×华生前无遗嘱，亦未与他人签订遗赠扶养协议。

四、被继承人张×华的妻子李×华已于××××年死亡，二人是原配夫妻，只有一子，即申请人张×三。

五、张×华在其原配妻子李×华去世后未再婚，张×华的父母均先于其死亡。

六、张×三表示要求继承被继承人张×华的遗产。

根据上述事实并依据《中华人民共和国民法典》第一千一百二十二条的规定，被继承人张×华的上述个人财产为张×华的遗产。根据《中华人民共和国民法典》第一千零六十一条、第一千零七十条、第一千一百二十三条和第一千一百二十七条的规定，被继承人张×华的遗产应由其配偶、子女和父母共同继承。因被继承人张×华的父亲、母亲和妻子均先于其死亡，故被继承人张×华的上述遗产应由其儿子张×三一人继承。

中华人民共和国××省××市公证处

公证员　马×梅

（公章）

××××年××月××日

7.5　仲裁文书

仲裁文书是仲裁机构和仲裁当事人在仲裁法律活动中，依据《中华人民共和国仲裁法》（以下简称《仲裁法》）及仲裁相关程序规则，制定的具有法律意义和法律效力的文书，是仲裁法律活动的书面表现形式和忠实记录。

7.5.1　仲裁文书的 3 大特性

仲裁文书的特性如表 7-13 所示。

表 7-13　仲裁文书的特性

特性	特性描述
合法性	仲裁文书的内容必须符合《仲裁法》及仲裁相关程序规则，仲裁机构和仲裁申请人也只能依据《仲裁法》及仲裁相关程序规则所赋予的职权制作和使用仲裁法律文书

续表

特性	特性描述
规范性	仲裁文书的格式必须按照《仲裁法》和有关仲裁机构的格式要求制作，格式规范、结构规范、用语规范
强制性	仲裁机构制作的仲裁文书，依法生效后具有强制执行的法律效力，一旦仲裁文书生效，当事人必须履行裁决，一方当事人拒不履行的，另一方当事人可依法向人民法院申请强制执行

7.5.2　仲裁文书的主要类型

仲裁文书的类型如表 7-14 所示。

表 7-14　仲裁文书的类型

划分依据	类型说明
按制作主体	1. 仲裁机构制作的仲裁文书。如仲裁调解书、仲裁裁决书等 2. 仲裁当事人制作的仲裁文书。如仲裁申请书、撤销仲裁裁决申请书等
按案件是否存在涉外因素	1. 国内仲裁文书。如经济合同仲裁文书、技术合同仲裁文书、劳动争议仲裁文书等 2. 涉外仲裁文书。如对外经济贸易仲裁文书、海外仲裁文书等
按用途	可分为仲裁申请书、仲裁调解书、仲裁裁决书、仲裁答辩书、撤销仲裁裁决申请书等

7.5.3　仲裁文书的适用情形

仲裁文书的适用情形如表 7-15 所示。

表 7-15　仲裁文书的适用情形

序号	适用情形
1	仲裁庭根据当事人达成的和解协议作出裁决书
2	解决仲裁案件的程序性问题，如当事人对仲裁协议的效力有异议，请求仲裁委员会作出决定
3	仲裁程序中的一些事项，如中止或终结仲裁程序，由仲裁委员会或仲裁庭作出决定
4	当事人因不可抗拒的事由或其他正当理由耽误期限，申请顺延期限，由仲裁委员会或仲裁庭决定
5	仲裁庭关于是否重新进行已进行的仲裁程序的决定，可以口头作出，但必须记入开庭笔录

7.5.4　仲裁文书的 3 大模块及写法

仲裁文书的模块和写法如下，以仲裁协议书为例。仲裁协议书是当事人之间一致愿意将双方已发生的或未来可能发生的纠纷提交仲裁机构解决而订立的协议，其结构一般由首部、正文和尾部 3 个模块组成，各模块写作思路如下。

1. 首部

一般由标题和当事人双方的基本情况组成。

（1）标题。正文上部居中写明"仲裁协议书"。

（2）当事人双方的基本情况。写清楚申请人与被申请人的姓名、年龄、性别、住址、联系方式、职业、工作单位等基本信息。需特别注意的是，如果申请人是法人或其他组织，需写明法人或其他组织的名称、住址和法定代表人或主要负责人的姓名、职务、联系方式。如果申请人委托代理人进行仲裁活动，则应写明代理人的基本情况。

2. 正文

写明仲裁协议的具体内容，由请求仲裁的意思表示、仲裁事项、选定的仲裁委员会组成。

（1）请求仲裁的意思表示。在各方申请人订立合同或者签订其他形式的仲裁协议时，写明各方申请人一致同意将已发生的或未来可能发生的争议，采取仲裁方式予以解决的明确的意思表示。

（2）仲裁事项。写明仲裁申请人申请仲裁解决的争议事项的明确范围。

（3）选定的仲裁委员会。写明申请人约定的有权解决争议的仲裁委员会的名称。

3. 尾部

写明签订日期、地点。由申请人或其委托代理人签字，并加盖公章。

7.5.5　写作示范

仲裁文书的写作示范如下，以仲裁协议书为例。

仲裁协议书

　　当事人（甲方）：×××商贸有限责任公司

　　地址：×××省×××市×××区×××路×××号

　　法定代表人：张三

　　职务：董事长

　　电话：×××××××××××

　　当事人（乙方）：×××食品厂

　　地址：×××省×××市×××区×××路×××号

法定代表人：李四

职务：董事长

电话：××××××××××

甲、乙双方达成仲裁协议如下：

双方于××××年××月××日签订食品买卖合同。在合同履行过程中，因买方对卖方提供的食品的质量等级提出异议，导致双方发生争议，双方经协商解决不成，现双方一致同意选择×××省×××市仲裁委员会依据《中华人民共和国仲裁法》及该会仲裁规则，对双方合同中涉及的食品质量和双方如何继续履行合同作出裁断。

双方自愿将此纠纷提交×××省×××市仲裁委员会仲裁，其仲裁裁决对双方有约束力。

本协议一式两份，甲、乙双方各执一份。

本协议自双方签字之日起生效。

甲方：×××商贸有限责任公司（盖章）

法定代表人：张三

乙方：×××食品厂（盖章）

法定代表人：李四

××××年××月××日

7.6　律师实务文书

律师实务文书是律师在开展业务活动的过程中，根据事实和法律规定，制作和使用的具有法律意义的各类文书的总称。律师在各项法律服务工作中，都需要制作相应的法律文书，来达到依据事实和法律为当事人提供法律服务、维护当事人的合法权益的目标。

7.6.1　律师实务文书的特性及类型

律师实务文书的特性和类型分别如表 7-16、表 7-17 所示。

表 7–16　律师实务文书的特性

特性	特性描述
独立性	律师要根据事实与法律发表自己的意见，这种意见不应受到委托人、人民检察院、人民法院或其他个人及国家机关的影响，律师制作的表达自己意见与主张的文书是具有独立性的

续表

特性	特性描述
规范性	律师实务文书主要适用于各类法律事务，具有法律意义，其内容通常包括事实、证据、理由、法律依据、主张、要求等，具有严谨、规范的特点
专业性	律师实务文书的格式与写作要求基本固定，其结构主要由首部、正文、尾部三部分构成，表达用语应使用法律相关的专业术语

表 7-17 律师实务文书的类型

划分依据	类型说明
按制作主体	1. 律师代书的法律文书。如申请书、起诉状、答辩状等 2. 以律师名义出具的法律文书。如辩护词、律师函、笔录等 3. 以律师事务所名义出具的法律文书。如刑事辩护委托协议、民事代理委托合同、律师事务所函等
按文书性质	1. 诉讼文书。如辩护词、代理词、强制执行申请书等 2. 非诉讼文书。如代书遗嘱、律师意见书等

7.6.2 起诉状：结构、注意事项与写作示范

1. 结构

起诉状的结构一般由首部、正文和尾部 3 个模块组成。

（1）首部

首部一般由文书名称和当事人基本情况组成。

①文书名称。正文上部居中写明"起诉状"即可。

②当事人基本情况。"原告"和"被告"均需写明姓名或名称等基本情况。原告是无民事行为能力或者限制民事行为能力人的，应当写明法定代理人姓名、性别、出生日期、民族、职业、工作单位、住所、联系方式，并标注与原告的关系。被告是法人或者其他组织的，应当写明名称、住所等信息。

（2）正文

起诉状的正文一般由诉讼请求和事实与理由组成。

①诉讼请求：写明具体的诉讼请求，并且需要有充分的理由支持诉讼请求，不可无根据地提出主张。

②事实与理由：写明起诉的事实与理由，阐述案件经过，尊重事实，措辞精练，能够客观表述出事件经过。有证据的，应当在诉讼理由之后写明证据和证据来源，证人姓名和住所。

（3）尾部

①致送法院名称。

②附项。附上起诉副本 × 份及相关证据材料。

③署名。起诉人签名或盖章。

④日期。注明起诉日期。

2. 注意事项

①诉讼请求要写明请求法院解决什么问题，提出明确的具体要求，如判令被告归还借款；判令原、被告离婚等明确的诉讼请求。

②事实与理由的阐述须保证内容完整，有条理地、客观地介绍发生纠纷的原因、经过和现状，对于双方争议的焦点，需要重点叙述，叙述用词要准确，表述恰当。

3. 写作示范

起诉状的写作示范如下，供参考。

起诉状

　　原告：张××，女，××××年××月××日出生，汉族，身份证号码：×××××××××××××××××××，住址：××省××市××区××街道××小区××号，工作单位：××××，联系电话：×××××××××。

　　被告：吴××，女，身份证号码：××××××××××××××××××，住址：××省××市××区××街道××小区××号，联系电话：××××××××。

　　诉讼请求：

　　判令被告偿还借款本金 34000 元、利息 6000 元。

　　判令被告承担诉讼费用。

　　事实与理由：

　　××××年××月××日，被告吴××向原告张××借款 70000 元，并承诺于××××年××月××日归还本金及利息。约定期满后，被告吴××仅归还借款 36000 元，尚欠本金 34000 元及利息 6000 元未归还。原告多次要求被告偿还借款，被告均拒绝偿还。

　　为此，特向法院提起诉讼，请求法院维护原告合法权益，判令被告吴××偿还借款本金 34000 元、利息 6000 元，承担诉讼费用××元。

　　此致

××××人民法院

起诉人：张××

××××年××月××日

　　附：本起诉状副本×份

7.6.3 上诉状：结构、注意事项与写作示范

1. 结构

上诉状的结构一般由首部、正文和尾部 3 个模块组成。

（1）首部

首部一般由文书名称和当事人基本情况组成。

①文书名称。正文上部居中写明"上诉状"即可。

②当事人基本情况。"上诉人"和"被上诉人"均需写明姓名或名称等基本情况。当事人是法人或者其他组织的，写明名称、住所。另起一行写明法定代表人、主要负责人及其姓名、职务、联系方式。

（2）正文

上诉状的正文一般由上诉请求和上诉理由组成。

①上诉请求：写明具体的诉讼请求，并且需要有充分的理由支持诉讼请求，不可无根据地提出主张。

②上诉理由：写明起诉的事实及理由，阐述案件经过，尊重事实，措辞精练，能够客观表述出事件经过。有新证据的，应当在上诉理由之后写明证据和证据来源，证人姓名和住所。

（3）尾部

①致送法院名称。

②附项。附上诉状副本 × 份及相关证据材料。

③署名。上诉人签字或盖章。

④日期。注明上诉日期。

2. 注意事项

①上诉请求需要明确表达目的，是希望撤销原判、全部变更原判还是部分变更原判。

②上诉状中的上诉理由针对的是原审裁判，需有针对性地提出对原审裁判不服的理由，如原审事实不清、判定裁决的依据不足、适用法律不当、违反诉讼程序等。

3. 写作示范

上诉状的写作示范如下，供参考。

上诉状

上诉人张××，女，××××年××月××日出生，汉族，身份证号码：××××××××××××××××××，住址：××省××市××区××街道××小区××号。

被上诉人：××××××有限责任公司

住所：××省××市××区××路

法定代表人：李××

上诉人张××因劳动争议纠纷一案不服××××人民法院××××年××月××日作出的（××××）×行×字第××号（判决或裁定），现提出上诉。

上诉请求：

1. 请求二审法院判决支持上诉人一审诉求，即支付拖欠工资总额 50000 元，及解除劳动合同的经济补偿金 8400 元。

2. 请求二审法院判决被上诉人承担一审及二审诉讼费用。

上诉理由：

1. 原审认定"双方进行了协商，并达成口头协议"（判决书第××页第××行），判决作出此认定的依据是被上诉人单方面的陈述，被上诉人并没有证据证明双方进行了协商并达成一致意见，原审的认定是站在被上诉人的角度，没有考虑到上诉人的利益，为被上诉人拖欠工资及赔偿金寻找借口，判决有失公正。

2. 被上诉人提供的证据与其陈述自相矛盾，并不能作为认定依据，而原审却予以采信，并将此作为重要判定依据，明显错误。

综上，原审判决在审理此案过程中，认定事实不清，证据不足，所作出的判决违背事实，不能作出公正判决，因此请二审法院纠正原审的错误，予以改判。

此致

××××人民法院

上诉人：张××

××××年××月××日

附：上诉状副本×份

7.6.4　答辩状：结构、注意事项与写作示范

1. 结构

答辩状的结构一般由首部、正文和尾部 3 个模块组成。

（1）首部

首部一般由文书名称和当事人基本情况组成。

①文书名称。正文上部居中写明"答辩状"即可。

②当事人基本情况。答辩人应当写明姓名、性别、出生日期、民族、职业、工作单位、住所、联系方式；如果答辩人是无民事行为能力或者限制民事行为能力人，应当写明法定代理人姓名、性别、出生日期、民族、职业、工作单位、住所、联系方式，并注明与答辩人的关系；答辩人是法人或者其他组织的，应当写明名称、住所等信息，加盖单位印章，并由法定代表人或者主要负责人签名；答辩时已经委托诉讼代理人的，应当写明委托诉讼代理人的基本信息。

（2）正文

答辩状的正文应写明案由及答辩内容。

①答辩案由应写明答辩人针对 ×× 案进行答辩。

②答辩内容应针对原告提出的问题予以答复和辩解，提出对方依据不成立的理由，反驳原告所依据的案件事实（原告对事实遗漏或描述错误）、法律等，并提出自己的答辩主张。

（3）尾部

①致送法院名称。

②附项。附答辩状副本 × 份及相关证据材料。

③署名。答辩人签字或盖章。

④日期。写明递交答辩状之日。

2. 注意事项

①答辩人应通过答辩状，提出自己的主张，并提出事实和证据来支持自己的观点，供法院裁判时考虑。

②对于与原告所依据的事实争议较大的部分，需重点回应，尊重事实，有理有据地予以反驳。

③答辩人是法人的，答辩状应当加盖单位公章，并由法定代表人或者主要负责人签名。

3. 写作示范

答辩状的写作示范如下，供参考。

答辩状

答辩人：×××××××有限公司

住所：××市××区×××街道

法定代表人朱××，职务：×××

委托代理人陈××，职务：×××

劳仲（××××）今××民初××号应诉通知书收悉，现答辩人就李××与我单位的劳动争议一案，答辩如下：

一、申请人要求解除劳动合同的理由不成立

1. 申请人认为公司在完全没有征询其个人意见的情况下对其工作岗位进行了单方面变动，让其从事销售工作而非品牌策划工作，这种说法不符合实际情况。事实上，答辩人从未对申请人的工作岗位进行变动，理由有以下两条：

（1）答辩人对每个岗位都实行了定岗定编，申请人正式上岗到目前为止，其岗位职责没有发生变动，所以申请人认为答辩人对其工作岗位单方面进行了变动是不符合事实的。

（2）答辩人认为，申请人是一名应届毕业生，缺乏工作经验，因此公司针对性地对申请人进行了为期半年的培训。首先是对申请人进行销售培训，两个月后再对申请人进行品牌策划方面的培训，培训的目的是让申请人加强对公司产品的了解，更好地认识公司，从而具有独立进行品牌策划的能力，而非申请人所说的对其工作岗位进行变动。

（3）双方签订的劳动合同第××条规定，"答辩人可以根据公司生产经营的需要，在征询乙方意见的基础上，对乙方的工作岗位进行调整或调动，乙方应该服从安排。"如果申请人认为对其进行销售培训是对其工作岗位的一种单方面的变动，而实际上申请人根本不愿接受此安排的话，申请人也不会等到现在才提出来，可见，申请人当时是同意接受这种培训的。现在以此为借口只是为了达到单方面毁约的目的。

2. 答辩人要求申请人继续全面履行劳动合同，否则应承担违约责任。双方签订的劳动合同第××条规定，若甲方（答辩人）为乙方（申请人）提供了第三十三条规定的特殊待遇之一的，则乙方应为甲方工作满相应的服务期，否则应一次性向甲方支付违约金二十万元。根据这条规定，答辩人要求申请人继续全面履行劳动合同，否则应承担相应的违约责任。

> 　　综上所述，请仲裁委员会依法驳回申请人的申诉请求，支持答辩人的合理要求，以维护答辩人的合法权益。
>
>
> 　　此致
> ××××人民法院
>
> 　　　　　　　　　　　　　　答辩人：×××××××有限公司（盖章）
> 　　　　　　　　　　　　　　　　　　××××年××月××日
>
> 　　附：
> 　　1. 答辩状副本 × 份
> 　　2. 其他文件 × 份
> 　　3. 证物或书证 × 件

7.6.5　撤诉申请书：结构、注意事项与写作示范

1. 结构

撤诉申请书的结构一般由首部、正文和尾部 3 个模块组成。

（1）首部

①标题。正文上部居中写明"撤诉申请书"。

②申请人和被申请人。要写明申请人及被申请人的基本情况，若是公民，应写明姓名、性别、出生年月日、民族、籍贯、职业、住址、电话号码等；若是法人或其他组织，应写明名称、所在地址、法定代表人姓名、联系电话等。

（2）正文

①请求事项。写明要撤诉的案件。

②事实与理由。简述起诉时间、案件内容、撤诉的理由后，请求准予撤诉。

（3）尾部

①致送的人民法院名称。

②署名。申请人签字或盖章。

③日期。注明申请日期。

2. 注意事项

① 撤诉的理由是撤诉申请书的主要内容，所以申请人需要将撤诉的理由写清楚。理由应合法合规，清晰明了。

②若起诉或上诉时附送证据，需请求发还的，应在事实与理由后注明退还证据。

3. 写作示范

撤诉申请书的写作示范如下，供参考。

撤诉申请书

申请人：许××，女，××××年××月××日出生，汉族，现住××市××区××街道××路××小区××号，电话：××××××××

被申请人：杨××，男，××××年××月××日出生，汉族，现住××市××区××街道××路××小区××号，电话：××××××××

请求事项：

撤回申请人与被申请人离婚纠纷一案的起诉。

事实与理由：

××××年申请人与被申请人经人介绍相识四个月后结婚，双方均属再婚，婚后感情一般。××××年××月××日，生育一子杨某某，现随许某生活。婚后，双方常因家庭琐事发生争吵，申请人于××××年××月××日向贵院提起离婚诉讼，但经调解后，双方和好，现决定撤回起诉，请贵院予以准许。

此致

××××人民法院

申请人：许××

××××年××月××日

7.6.6　其他法律文书：强制执行申请书、行政申诉状、遗嘱

1. 强制执行申请书

（1）结构

强制执行申请书的结构一般由首部、正文和尾部 3 个模块组成。

①首部

标题。正文上部居中写明"强制执行申请书"。

申请执行人和被申请执行人。要写明申请执行人及被申请执行人的基本情况，若是公民，应写明姓名、性别、出生年月日、民族、籍贯、职业、住址、电话号码等；若是法人或其他组织，应写明名称、所在地址、法定代表人姓名、联系电话等。

②正文

申请执行事项。写明申请执行的事项。

事实与理由。首先应写明案件及终结情况，阐述依据的法律文书内容，说明被申请执行人应当履行的义务；其次说明被申请执行人未履行该义务的情况，最后提出为了维护申请执行人的合法权益，根据相关法律法规，向人民法院提出强制执行的申请。

③尾部

致送的人民法院名称。

署名。申请执行人签字或盖章。

日期。注明申请日期。

附件附上相关证据材料。

（2）注意事项

①在事实与理由部分。需要简述原案情及处理结果，说明现在的执行状况。

②在申请强制执行时，所依据的法律条例及文书需要阐述清楚，并根据法律所规定的执行措施，提出具体请求，明确被申请执行人应履行的义务。

（3）写作示范

强制执行申请书的写作示范如下，供参考。

强制执行申请书

申请执行人：王××，女，××××年××月××日出生，汉族，现住××市××区××街道××路××小区××号，身份证号：××××××××××××××××××××，电话：×××××××××

被申请执行人：××省××市××××有限公司，所在地址：××市××区××街道××路××号，法定代表人：×××，联系电话：×××××××××

申请执行事项：

1.强制被申请执行人支付申请执行人人民币×××××元整。

2. 强制执行被申请执行人的逾期付款利息 ×××××元（自××××年 ×× 月 ×× 日至判决生效之日 ×××× 年 ×× 月 ×× 日，按银行同期贷款利息计算）。

3. 强制被申请执行人给付延迟履行利息 ×××××元（自 ×××× 年 ×× 月 ×× 日起暂算至 ×× 年 ×× 月 ×× 日，计算至实际支付之日，按银行同期贷款利息计算）。

事实与理由：

申请执行人和被申请执行人劳动争议纠纷一案贵院已作出（××××）×经初字第 ××× 号民事判决。被申请执行人不服提起上诉。现经 ××××人民法院依法开庭审理，并于 ×××× 年 ×× 月 ×× 日作出（××××）× 民终字第 ××× 号民事判决书。该判决为终审判决，但被申请执行人拒绝执行该判决所确定的给付义务。为了维护申请人的合法权益和既得利益，依法提出上诉申请执行事项，恳请贵院依法强制执行。

此致
××××人民法院

申请执行人：王××

×××× 年 ×× 月 ×× 日

附：判决书 × 份

2. 行政申诉状

（1）结构

行政申诉状的结构一般由首部、正文和尾部 3 个模块组成。

①首部

标题。正文上部居中写明"行政申诉状"。

申诉人。要写明申诉人的基本情况，若是公民，应写明其姓名、性别、出生年月、民族、籍贯、职业、住址、电话号码等；若是法人或其他组织，应写明名称、所在地址、法定代表人姓名、联系电话等。

②正文

案由。详细阐述申诉人因何故向特定法院提出申诉，包括涉及的具体案件、判决结果及其对申诉人造成的影响。

申诉事项。写明申诉人对所申诉的问题要求怎样解决。提出请求人民法院变更或者撤销原判决、裁定，以纠正原审判裁判不当。

事实与理由。以事实为根据，列出证据，对原审判所认定的事实错误提出申辩。依照法律法规的规定进行说理，要抓住案件关键，突出重点，具有针对性。

③尾部

致送的人民法院名称。

署名。申诉人签字或盖章。

日期。注明申请日期。

附件附上相关证据材料。

（2）注意事项

①申诉理由需要在原审判决的结论上下功夫，紧扣案件的事实和有关法律法规，将自己不服判决的论点阐述清楚，语言要简洁有力，内容要实事求是、条理清晰。

②在说明不服原审判决后，应运用事实论据进行论证、反驳。论点和论据一致，原因和结论相吻合。

（3）写作示范

行政申述状的写作示范如下，供参考。

行政申诉状

申诉人：李××，男，××××年××月××日出生，汉族，现住××市××区××街道××路××小区××号，身份证号：××××××××××××××××××，电话：×××××××××

申诉人因××××人民政府强拆房屋处置资产及行政赔偿一案，不服××××人民法院××××年××月××日（××）字第××号行政裁定，现提出申诉。

申诉事项：

1. 依法撤销原审裁定，依法重新审理。

2. 指令异地法院受理一审案件。

事实与理由：

申诉人创办××广播电视学校并为实际投资人，××××人民政府违法强拆教室、处分该校资产，损害申请人的合法权益，但经一审裁定结果是××××人民政府并未违法。申诉人认为一审判决在判断此事上存在严重错误，申诉人不服，现提出申诉，请求重新审理并依法改判，诉请人民法院依法确认××××人民政府强行拆除××广播电视学校校舍，擅自处分该校资产的行政行为违法。

　　此致

××××人民法院

　　　　　　　　　　　　　　　　　　　　　　　　申诉人：李××

　　　　　　　　　　　　　　　　　　　　　　××××年××月××日

　　附：原审判决书×份

3. 遗嘱

（1）结构

遗嘱的结构一般由首部、正文和尾部3个模块组成。

①首部

标题。正文上部居中写明"遗嘱"。

立遗嘱人。要写清立遗嘱人的基本情况，包括姓名、性别、年龄、民族、籍贯、住址、身份证号码等。

立遗嘱的原因。简述立遗嘱的原因，一般的原因有年老生病、危在旦夕等。要注意的是，这是立遗嘱人的真实意思表达。

②正文

遗嘱事项。这是遗嘱的主要内容，需要阐述得具体、清楚。这部分一般包括立遗嘱人本人的财产说明、保险说明、立遗嘱人本人相关事务的执行等内容。

此处还需要包括遗嘱的份数、遗嘱的保存、遗嘱的监督执行、以前订立过遗嘱，以及以最后的遗嘱为准的声明。

③尾部

署名。立遗嘱人签名盖章，若有证明人、代书人在场，证明人、代书人也须签名盖章。

日期。注明立遗嘱的日期。

（2）注意事项

①立遗嘱人必须为完全民事能力人。

②立遗嘱不能进行委托代理，遗嘱的内容必须是立遗嘱人的真实想法，要由立遗嘱人亲自设立，不能由他人代理进行。若有代书人代书遗嘱，也须立遗嘱人本人亲自确认内容后在遗嘱上签名，并要求同时在场的见证人为两人及以上。

③立遗嘱人在危急情况下，可以立口头遗嘱。口头遗嘱应当有两个以上见证人在场见证。危急情况解除后，遗嘱人能够用书面或者录音形式立遗嘱的，所立的口头遗嘱无效。

（3）写作示范

遗嘱的写作示范如下，供参考。

遗　嘱

立遗嘱人：吴××，女，××岁，×族，身份证号：×××××××××××××××××××，现住××市××区××街道××路××小区××号。

我因年老多病，或命不久矣，恐离世后家属、子女为继承本人财产产生不必要的纠纷，特立此遗嘱，对本人的财产作如下处理：

一、本人持有财产

1.房产

本人名下目前共拥有房产×处，其具体情况如下：

位于×××的房产×处，房产证号：××××××××××

位于×××的房产×处，房产证号：××××××××××

2.存款

存款××××万元，银行账号：×××××××××××

3.股票

本人持有股票代码为××××××××的××××公司××××股票

4.债券

本人持有××××公司××的股权（公司营业执照注册号：××××××××，注册资金××××万元）

二、财产继承

本人去世后，上述所有财产及权益均由×××继承（性别：×，出生日期：××××年××月××日，身份证号码：××××××××××××××××××，与本人系××关系）

本遗嘱一式三份，由本人和委托执行人李××各执一份，存××××公证处一份。

本遗嘱委托李××（女，××岁，×族，身份证号码：×××××××××××××××××××，住××市××区××街道××路××小区××号）监督执行。

立遗嘱人：吴××

××××年××月××日

7.7 AIGC工具在法律类文书写作中的应用

在法律类文书写作中，也有一些 AIGC 工具可以辅助写作，常见的包括以下几种。

1. 智能法律助手

这是一款基于人工智能的法律助手应用软件，可以帮助律师、法律顾问和普通用户快速生成法律文书，包括起诉状、答辩状、财产公证书、遗嘱等。它可以通过简单的问答方式，了解用户的需求，然后自动生成相应的法律文书。用户可以根据需要对文书进行修改和完善。

使用方法如下：

（1）下载安装智能法律助手应用软件，或者访问其网站；

（2）选择需要生成的文书类型，如起诉状、答辩状、财产公证书、遗嘱等；

（3）根据提示输入信息，如当事人信息、案件事实、诉讼请求等；

（4）智能法律助手将根据用户提供的信息自动生成相应的法律文书；

（5）用户可以根据需要对文书进行修改和完善。

2. 法律写作助手

这是一款专门针对法律文书写作的 AIGC 工具，可以帮助律师、法律顾问和法律专业学生快速生成法律文书，包括起诉状、答辩状、合同等。它基于自然语言处理技术，可以根据用户输入的信息和写作要求，自动生成相应的法律文书。

使用方法如下：

（1）下载安装法律写作助手应用软件，或者访问其网站；

（2）选择需要生成的文书类型，如起诉状、答辩状、合同等；

（3）根据提示输入信息和写作要求，例如当事人信息、案件事实、法律依据等；

（4）法律写作助手将根据用户提供的信息自动生成相应的法律文书；

（5）用户可以根据需要对文书进行修改和完善。

3. 法信写作

这是一款基于人工智能的法律文书写作工具，可以帮助律师、法律顾问和法律专业学生快速生成法律文书，包括起诉状、答辩状、合同等。它基于自然语言处理技术，可以根据用户输入的信息和写作要求，自动生成相应的法律文书。同时，它还提供了丰富的法律文书模板和案例库，方便用户参考和使用。

使用方法如下：

（1）下载安装法信写作应用软件，或者访问其网站；

（2）选择需要生成的文书类型，例如起诉状、答辩状、合同等；

（3）根据提示输入信息和写作要求，例如当事人信息、案件事实、法律依据等；

（4）法信写作将根据用户提供的信息自动生成相应的法律文书；

（5）用户可以根据需要对文书进行修改和完善。

附录 A　公文写作常用万能金句与例句示范

常用万能金句 90 句

1. 海阔凭鱼跃，天高任鸟飞（王安石）

2. 大漠孤烟直，长河落日圆（张九龄）

3. 风声雨声读书声，声声入耳；家事国事天下事，事事关心（顾宪成）

4. 但愿人长久，千里共婵娟（苏轼）

5. 举杯邀明月，对影成三人（李白）

6. 白日依山尽，黄河入海流（王之涣）

7. 天街小雨润如酥，草色遥看近却无（韩愈）

8. 寄蜉蝣于天地，渺沧海之一粟（苏轼）

9. 千山鸟飞绝，万径人踪灭（柳宗元）

10. 采菊东篱下，悠然见南山（陶渊明）

11. 一万年太久，只争朝夕（毛泽东）

12. 雄关漫道真如铁，而今迈步从头越（毛泽东）

13. 野火烧不尽，春风吹又生（白居易）

14. 天若有情天亦老，人间正道是沧桑（毛泽东）

15. 千淘万漉虽辛苦，吹尽狂沙始到金（刘禹锡）

16. 海上生明月，天涯共此时（张九龄）

17. 删繁就简三秋树，领异标新二月花（郑燮）

18. 读书破万卷，下笔如有神（杜甫）

19. 君子喻于义，小人喻于利（孔子与其弟子）

20. 富贵不能淫，贫贱不能移，威武不能屈（孟子及其弟子）

21. 天下难事必作于易，天下大事必作于细（老子）

22. 纸上得来终觉浅，绝知此事要躬行（陆游）

23. 学而不思则罔，思而不学则殆（孔子与其弟子）

24. 金无足赤，人无完人（戴复古）

25. 非淡泊无以明志，非宁静无以致远（诸葛亮）

26. 会当凌绝顶，一览众山小（杜甫）

27. 凡事欲速则不达，见小利则大事不成（孔子与其弟子）

28. 众人拾柴火焰高（佚名）

29. 有志者事竟成，破釜沉舟，百二秦关终属楚；苦心人天不负，卧薪尝胆，三千越甲可吞吴（佚名）

30. 十年树木，百年树人（管仲）

31. 事常与人违，事总在人为（洪应明）

32. 退一步海阔天空，忍一时风平浪静（佚名）

33. 人非圣贤，孰能无过（孔子与其弟子）

34. 吾日三省吾身（孔子与其弟子）

35. 知识改变命运（李嘉诚）

36. 民为重，社稷次之，君为轻（孟子及其弟子）

37. 靡不有初，鲜克有终（佚名）

38. 仰望星空，脚踏实地（温家宝）

39. 工欲善其事，必先利其器（孔子与其弟子）

40. 前事不忘，后事之师（刘向）

41. 人心齐，泰山移（佚名）

42. 骏马是跑出来的，强兵是打出来的（佚名）

43. 人无远虑，必有近忧（孔子与其弟子）

44. 宁可做过，莫要错过（佚名）

45. 吃得苦中苦，方为人上人（冯梦龙）

46. 机不可失，时不再来（张九龄）

47. 绳锯木断，水滴石穿（佚名）

48. 路遥知马力，日久见人心（佚名）

49. 一寸光阴一寸金，寸金难买寸光阴（佚名）

50. 塞翁失马，焉知非福（刘安）

51. 良药苦口利于病，忠言逆耳利于行（佚名）

52. 好事不出门，恶事传千里（佚名）

53. 不戚戚于贫贱，不汲汲于富贵（陶渊明）

54. 世事洞明皆学问，人情练达即文章（曹雪芹）

55. 近朱者赤，近墨者黑（佚名）

56. 为人不做亏心事，半夜敲门心不惊（佚名）

57. 磨刀不误砍柴工（佚名）

58. 举世皆浊我独清，众人皆醉我独醒（屈原）

59. 古人学问无遗力，少壮工夫老始成（陆游）

60. 机会总是留给有准备的人（佚名）

61. 世上无难事，只要肯登攀（毛泽东）

62. 笔落惊风雨，诗成泣鬼神（杜甫）

63. 文章千古事，得失寸心知（杜甫）

64. 君子求诸己，小人求诸人（孔子与其弟子）

65. 莫道君行早，更有早行人（佚名）

66. 责人之心责己，恕己之心恕人（佚名）

67. 一失足成千古恨，再回头已百年身（佚名）

68. 长江后浪推前浪，一代新人换旧人（佚名）

69. 读书志在圣贤，非徒科第；为官心存家国，岂计身家（佚名）

70. 良田万顷，不如一技傍身；家累千金，不如日进分文（佚名）

71. 做人一身正气，为官两袖清风。办事三思而行，阖家四季平安（佚名）

72. 海到无边天作岸，山登绝顶我为峰（林则徐）

73. 位卑未敢忘忧国，事定犹须待阖棺（陆游）

74. 横眉冷对千夫指，俯首甘为孺子牛（鲁迅）

75. 但将冷眼观螃蟹，看你横行到几时（佚名）

76. 不鸣则已，一鸣惊人；不飞则已，一飞冲天（司马迁）

77. 仰天大笑出门去，我辈岂是蓬蒿人（李白）

78. 只要功夫深，铁杵磨成针（佚名）

79. 天下熙熙皆为利来，天下攘攘皆为利往（司马迁）

80. 水至清则无鱼，人至察则无徒（佚名）

81. 粉身碎骨浑不怕，要留清白在人间（于谦）

82. 捐躯赴国难，视死忽如归（曹植）

83. 自信人生二百年，会当水击三千里（毛泽东）

84. 安能摧眉折腰事权贵，使我不得开心颜（李白）

85. 知者不惑，仁者不忧，勇者不惧（孔子与其弟子）

86. 知人者智，自知者明；胜任者有力，自胜者强（老子）

87. 信言不美，美言不信；善者不辩，辩者不善；知者不博，博者不知（老子）

88. 军民团结如一人，试看天下谁能敌（毛泽东）

89. 宜将剩勇追穷寇，不可沽名学霸王（毛泽东）

90. 江东子弟多才俊，卷土重来未可知（杜牧）

金句例句示范 20 例

1. "民为重，社稷次之，君为轻"，党始终是这么做的。"以人民为中心"承载了共产党人的初心和使命，深刻诠释了党的根本政治立场和价值取向。在历史的长河中，党始终坚持人民的利益高于一切。

2. "众人拾柴火焰高"，只有团结协作，才能共同完成任务，取得更大的成果。

3. "事了拂衣去，深藏身与名。"我们要在工作中做好自己的本职工作，不图虚名，不图功利，不图权位。

4. "前事不忘，后事之师"，我们要从过去的事件中吸取教训，为今后的工作积累经验。

5. "人心齐，泰山移"，只有团结一致，才能共同完成任务，实现共同目标。

6. "骏马是跑出来的，强兵是打出来的。"只有通过不断地努力和训练，才能提高自己的能力和素质。

7. "人无远虑，必有近忧"，我们要注重前瞻性思考，做好长远规划，避免在未来遇到问题时束手无策。

8. "宁可做过，不可错过"，我们要敢于尝试、勇于创新，不要因为害怕失败而错失机会。

9. "吃得苦中苦，方为人上人。"只有忍受痛苦和艰辛，才能获得更大的成果，走向更高的境界。

10. "机不可失，时不再来"，我们要珍惜每一个机会，抓住每一个时刻，努力实现自己的目标。

11. "路遥知马力，日久见人心。"只有经过长时间的考验，才能看出一个人的真正品格。

12. "一寸光阴一寸金，寸金难买寸光阴。"我们要珍惜时间，抓住每一个机会，不浪费一分一秒。

13. "好事不出门，恶事传千里。"我们要做好工作中的每一个细节，避免因为疏忽产生不良影响。

14. "天下大事，必作于细；天下难事，必作于易。"我们要注重工作中的每一个细节，注重做好每一项细微工作，简单的事情重复做，重复的事情用心做，只有这样才能把工作做到最好，做成大事、难事。

15. "近朱者赤，近墨者黑"，我们要选择正确的人际关系，与正直、诚信的人为伍，避免与不良人士结交。

16. "人非圣贤，孰能无过，过而改之，善莫大焉。"我们要勇于承认自己的错误，及时改正，不断提高自己的能力。

17. "海上生明月，天涯共此时。"我们要珍惜与亲友相聚的时光，共同分享美好的时刻。

18. "有志者事竟成，破釜沉舟，百二秦关终属楚；苦心人天不负，卧薪尝胆，三千越甲可吞吴。"我们要树立远大的目标，坚定信念，不断努力，最终实现自己的梦想。

19. "机会总是留给有准备的人"，我们要时刻保持警醒，做好充分的准备，把握任何一个机会，实现自己的价值。

20. "吾日三省吾身"，我们要时时反思自己的行为、言语和思想，及时发现并纠正错误，不断提高自己的能力。